DESCUBRE

Lengua y cultura del mundo hispánico

NIVEL 3

Blanco • Donley

VISTA
HIGHER LEARNING

Boston, Massachusetts

ISBN-13: 978-1-60007-309-0
ISBN-10: 1-60007-309-3

2 3 4 5 6 7 8 9 10 RRD 12 11 10 09 08

Table of Contents

más práctica

1.1 The present tense

1 **Mi nuevo mejor amigo** Completa el párrafo con la forma apropiada de los verbos entre paréntesis.

¿Cómo es mi nuevo mejor amigo? (1) _____ (Ser) muy simpático. Siempre que

(2) _____ (salir), me invita a salir con él. De esta forma, yo ya (3) _____

(conocer) a mucha gente. Él siempre (4) _____ (parecer) que lo está pasando bien, hasta

cuando nosotros (5) _____ (estar) en la clase de matemáticas. Por la tarde, después de

clase, él (6) _____ (proponer) actividades —por ejemplo, a veces (7) _____ (ir)

al parque a jugar al fútbol— así que nunca nos aburrimos. Ya (yo) (8) _____ (saber) que

nos vamos a llevar bien durante todo el año. (9) _____ (Pensar) invitarlo a mi casa para las

fiestas, así mis padres lo (10) _____ (poder) conocer también.

2 **Tus actividades** Escribe cuatro actividades que realizas normalmente en cada uno de estos momentos del día: la mañana, la tarde y la noche.

Mañana: _____

_____

_____

_____

Tarde: _____

_____

_____

_____

Noche: _____

_____

_____

_____

3 **Diez preguntas** Trabaja con un(a) compañero/a a quien no conozcas muy bien. Primero, cada persona debe escribir diez preguntas para conocer a su compañero/a. Luego, háganse las preguntas. Después, intercambien sus listas y háganse las preguntas de la otra persona. Compartan sus respuestas con la clase.

Lección 1 Más práctica Activities **1**

1.2 *Ser* and *estar*

1 **Mensaje** Completa el mensaje con la forma adecuada de **ser** o **estar**.

¡Hola Carlos!

Yo (1) _____estoy_____ ✓ muy preocupada porque tenemos un examen mañana en la clase de español

y el profesor (2) _____es_____ ✓ muy exigente. Ahora mismo mi amiga Ana (3) _____está_____ ✓

estudiando en la biblioteca y voy a encontrarme con ella para que me ayude. Ella (4) _____es_____ ✓

una estudiante muy buena y sus notas siempre (5) _____son_____ ✓ excelentes.

Este fin de semana hay un concierto. Mis amigos y yo (6) _____estamos_____ ✓ muy contentos porque el

grupo que toca (7) _____es_____ ✓ muy famoso. Elena también quería ir al concierto, pero no puede

porque (8) _____está_____ ✓ enferma y debe quedarse en cama.

Bueno, antes de ir a la biblioteca voy a almorzar en la cafetería porque (9) _____estoy_____ ✓ muerta de

hambre.

¡Hasta pronto!

Susana

2 **En el parque** Mira la ilustración y contesta las preguntas usando **ser** y **estar**. Puedes inventar las
respuestas para algunas de las preguntas.

1. ¿Quién es cada una de estas personas?
   Todas personas son amigos con las otras.
2. ¿Qué están haciendo?
   Las personas están haciendo
3. ¿Cómo están?
   Todas personas están contentos
4. ¿Cómo son?
   Son simpáticos y les gusta la naturaleza

3 **Una cita** Mañana vas a tener una cita con un(a) muchacho/a maravilloso/a. Quieres contárselo a tu
mejor amigo/a y quieres pedirle consejos. Tu amigo/a es muy curioso/a y te va a hacer muchas preguntas.
En parejas, representen la conversación. Éstos son algunos de los aspectos que pueden incluir.

Tu amigo quiere saber:

• cómo te sientes antes de la cita

• qué crees que va a pasar

• cómo es el lugar adonde van a ir

• cómo es la persona con quien vas a tener la cita

Tú quieres consejos sobre:

• qué ropa ponerte

• los temas de los que hablar

• adónde ir

• quién debe pagar la cuenta

1.3 Progressive forms

1 **¿Qué están haciendo?** Las personas de la primera columna siempre están ocupadas. ¿Qué están haciendo en este momento? Escribe cinco oraciones usando elementos de las tres columnas.

[handwritten] El presidente de los EEUU está viajando en avión a Francia.
Penélope Cruz no está asistiendo a un estreno para este película.
Tus padres están comiendo en un restaurante especial
Tu mejor amigo no está bailando en una discoteca.
Nosotros estamos hablando por teléfono.

> **modelo**
> David Ortiz está jugando al béisbol.

tú		divertirse
el presidente de los EE.UU.		viajar en avión
tus padres	(no) estar	comer en un restaurante
tu mejor amigo/a		asistir a un estreno (premiere)
Penélope Cruz		bailar en una discoteca
nosotros		hablar por teléfono

2 **Seguimos escribiendo** Vuelve a escribir las oraciones usando los verbos **andar, ir, llevar, seguir** o **venir.** La nueva oración debe expresar la misma idea.

1. José siempre dice que es tímido, pero no deja de coquetear con las chicas del trabajo.

   _____

2. Mi esposa y yo llevamos diez años de casados, pero nuestro amor es tan intenso como siempre.
   [handwritten] Mi esposa y yo seguimos diez años de casados sin problemas.

3. Hace cinco meses que Carlos se pelea con su novia todos los días y todavía habla de ella como si fuera la única mujer del planeta.
   [handwritten] sigue diciendo
   Hace cinco meses que Carlos lleva malas palabras contra su novia –

4. Daniel siempre se queja de que los estudios lo agobian y hace meses que su mamá le dice que tiene que relajarse.
   [handwritten] tarea
   Daniel siempre lleva mucho de sus estudios pero necesita relajarse.

5. Mis padres repiten todos los días que pronto van a mudarse a una casa más pequeña.
   [handwritten] Mis padres repiten que en unas días, venimos a una otra casa

3 **Adivina qué estoy haciendo** En grupos de cuatro, jueguen a las adivinanzas con mímica (*charades*). Por turnos, cada persona debe hacer gestos para representar una acción sencilla. Las otras personas tienen que adivinar la acción, usando el presente progresivo. Sigan el modelo.

> **modelo**
> **ESTUDIANTE 1** *(Sin decir nada, hace gestos para mostrar que está manejando un carro.)*
> **ESTUDIANTE 2** ¿Estás peleando con alguien?
> **ESTUDIANTE 3** ¿Estás manejando un carro?
> **ESTUDIANTE 1** ¡Sí! ¡Estoy manejando un carro!

2.1 Object pronouns

1 **La televisión** Completa la conversación con el pronombre adecuado.

JUANITO Mamá, ¿puedo ver televisión?

MAMÁ ¿Y la tarea? ¿Ya (1) _____ hiciste?

JUANITO Ya casi (2) _____ termino. ¿Puedo ver el programa de dibujos animados (*cartoons*)?

MAMÁ (3) _____ puedes ver hasta las siete.

JUANITO De acuerdo.

MAMÁ Pero antes de que te pongas a ver televisión, tengo algunas preguntas.

¿(4) _____ vas a entregar mi carta a tu profesora?

JUANITO Sí mamá, (5) _____ (6) _____ voy a entregar mañana.

MAMÁ ¿Quién va a trabajar contigo en el proyecto de historia?

JUANITO No sé; nadie (7) _____ quiere hacer conmigo.

MAMÁ Bueno, y antes de ver la tele, ¿me puedes ayudar a poner la mesa?

JUANITO ¡Cómo no, mamá! (8) _____ ayudo ahora mismo.

2 **Confundido** Tu amigo/a va a dar una fiesta este fin de semana, pero no recuerda bien algunos detalles. Contesta sus preguntas con la información que está entre paréntesis. Utiliza pronombres en tus respuestas.

> *modelo*
>
> **¿Quién va a traer las sillas? (Carlos y Pedro)**
> Carlos y Pedro las van a traer.

1. ¿Cuándo vamos a comprar la comida? (mañana)

    _____

2. ¿Quién nos prepara el pastel (*cake*)? (la pastelería de la Plaza Mayor)

    _____

3. ¿Ya enviamos todas las invitaciones? (sí)

    _____

4. ¿Quién trae los discos compactos de música latina? (Lourdes y Sara)

    _____

5. ¿Vamos a decorar el salón? (sí)

    _____

3 **Tres deseos** En parejas, imaginen que encuentran a un genio (*genie*) en una botella. Él les va a hacer realidad tres deseos a cada uno. Primero, haz una lista de los deseos que le vas a pedir. Después, díselos a tu compañero/a. Háganse preguntas sobre por qué quieren cada uno de los deseos. Utilicen por lo menos seis pronombres de complemento directo e indirecto.

> *modelo*
>
> —Yo quiero un jeep cuatro por cuatro.
> —¿Para qué lo quieres?
> —Lo quiero para manejar en cualquier tipo de terreno.

2.2 *Gustar* and similar verbs

1 **En otras palabras** Vuelve a escribir las frases subrayadas usando los verbos de la lista.

> **modelo**
>
> **Mis padres adoran las novelas de García Márquez, especialmente** *Cien años de soledad*.
>
> A mis padres les encantan las novelas de García Márquez, especialmente *Cien años de soledad*.

aburrir	(no) gustar
caer bien/mal	(no) interesar
(no) doler	molestar
encantar	quedar
faltar	

1. <u>Estoy muy interesado en el cine</u> y por eso veo el programa de espectáculos todas las noches.

2. Necesito ir al médico porque <u>tengo un dolor de cabeza desde hace dos días.</u>

3. <u>Pablo y Roberto son muy antipáticos.</u> No soporto hablar con ellos.

4. <u>Nos aburrimos cuando vemos películas románticas.</u>

5. <u>Detesto el boliche.</u>

6. Has gastado casi todo tu dinero. <u>Sólo tienes diez dólares.</u>

7. Carlos está a punto de completar su colección de monedas españolas anteriores al euro. <u>Necesita conseguir tres más.</u>

8. <u>No soporto escuchar música cuando estudio.</u> No puedo concentrarme.

2 **El fin de semana** Escribe ocho oraciones sobre qué te gusta y qué te molesta hacer el fin de semana. Utiliza **gustar** y otros verbos parecidos, como **interesar**, **importar** y **molestar**.

estar en casa	hacer ejercicio	ir al circo
festejar	hacer un picnic	jugar al billar
hacer cola	ir al cine	salir a comer

3 **Gustos** Utiliza la información y verbos parecidos a **gustar** para investigar los gustos de tus compañeros/as de clase. Toma nota de las respuestas de cada compañero/a que entrevistes y comparte la información con la clase.

> **modelo**
>
> **molestar / tener clase a las ocho de la mañana**
> —A Juan y a Marcela no les molesta tener clase a las ocho de la mañana.
>   En cambio, a Carlos le molesta porque...

1. encantar / fiestas de cumpleaños

2. fascinar / el mundo de Hollywood

3. disgustar / leer las noticias

4. molestar / conocer a nuevas personas

5. interesar / saber lo que mis amigos piensan de mí

6. aburrir / escuchar música todo el día

Lección 2 Más práctica Activities   **5**

2.3 Reflexive verbs

1 **¿Qué hacen estas personas?** Escribe cinco oraciones combinando elementos de las tres columnas.

modelo

Yo me acuesto a las once de la noche.

mis padres	aburrirse	a las 6 de la mañana
yo	acostarse	a las 9 de la mañana
mis amigos y yo	afeitarse	a las 3 de la tarde
tú	divertirse	por la tarde
mi compañero/a de cuarto	dormirse	el viernes por la noche
ustedes	levantarse	a las once de la noche
mi hermano/a	maquillarse	todos los días

2 **Reflexivos** Algunos verbos cambian de significado cuando se usan en forma reflexiva. Completa las oraciones con la forma adecuada del verbo indicado y el pronombre si es necesario.

1. Yo siempre _____ (dormir/dormirse) bien cuando estoy en mi casa de verano.

2. Carlos, ¿_____ (acordar/acordarse) de cuando fuimos de vacaciones a Cancún hace dos años?

3. Si estamos tan cansados de la ciudad, ¿por qué no _____ (mudar/mudarse) a una casa junto al lago?

4. No me gusta esta fiesta. Quiero _____ (ir/irse) cuanto antes.

5. Cristina y Miguel _____ (llevar/llevarse) a los niños a la feria.

6. Mi abuela va a _____ (poner/ponerse) una foto de todos sus nietos en el salón.

3 **Los sábados** Sigue los pasos para determinar si tú y tus compañeros/as participan en actividades parecidas (*similar*) los sábados. Comparte tus conclusiones con el resto de la clase.

- **Paso 1** Haz una lista detallada de las cosas que normalmente haces los sábados.
- **Paso 2** Entrevista a un(a) compañero/a para ver si comparten alguna actividad.
- **Paso 3** Compara la información con el resto de la clase. ¿Siguen los estudiantes la misma rutina durante los fines de semana?

3.1 The preterite

1 **Conversación telefónica** La mamá de Andrés lo llama para ver cómo ha sido su semana. Completa la conversación con el pretérito de los verbos de la lista. Algunos verbos se repiten.

andar	dar	ir	ser
barrer	hacer	quitar	tener

MAMÁ Hola, Andrés, ¿cómo te va?

ANDRÉS Bien, mamá. ¿Y a ti?

MAMÁ También estoy bien. ¿Qué tal las clases?

ANDRÉS En la clase de historia (1) _tuve_ un examen el lunes. En la clase de química, el profesor nos (2) _hizo_ una demostración en el laboratorio.

MAMÁ ¿Y el resto de las clases?

ANDRÉS (3) _Fueron_ muy fáciles pero los profesores nos (4) _dieron_ mucha tarea.

MAMÁ ¿Cómo está tu apartamento? ¿Está muy sucio (*dirty*)?

ANDRÉS ¡Está perfecto! Ayer (5) _____ la limpieza: (6) _barrí_ el piso y (7) _____ el polvo de los muebles.

MAMÁ ¿Qué hiciste con tus amigos el sábado por la noche?

ANDRÉS Nosotros (8) _anduvimos_ por el centro de la ciudad y (9) _fuimos_ a un restaurante. (10) _Fue_ una noche muy divertida.

2 **Vienen los abuelitos** Tus abuelos vienen a tu casa para pasar el fin de semana. Tu mamá quiere saber si ya hiciste todo lo que te pidió, pero tú ya sabes lo que te va a preguntar. Completa sus preguntas y después contéstalas.

> **modelo**
> ¿Ya... (conseguir las entradas para el concierto)?
> —¿Ya conseguiste las entradas para el concierto?
> —Sí, mamá, ya conseguí las entradas para el concierto.

1. ¿Ya... (lavar los platos)? _____

2. ¿Ya... (ir al supermercado)? _____

3. ¿Ya... (pasar la aspiradora)? _____

4. ¿Ya... (quitar tus cosas de la mesa)? _____

5. ¿Ya... (hacer las reservaciones en el restaurante)? _____

6. ¿Ya... (limpiar el baño)? _____

3 **Un problema** Hace dos semanas compraste un par de zapatos que no te quedan bien. Quieres devolverlos y pedir un reembolso, pero la zapatería no acepta cambios después de una semana. En parejas, improvisen la conversación entre el/la cliente/a y el/la gerente (*manager*). El/La cliente debe tratar de convencer al/a la gerente de que le devuelva el dinero.

Lección 3 Más práctica Activities **7**

3.2 The imperfect

1 **Oraciones incompletas** Termina las oraciones con el imperfecto.

1. Cuando yo era niño/a _____.

2. Todos los veranos mi familia y yo _____

3. Durante las vacaciones, mis amigos siempre _____.

4. En la escuela primaria (*elementary school*), mis maestros nunca _____.

5. Mis hermanos y yo siempre _____.

6. Mi abuela siempre _____.

2 **Un robo** El sábado por la tarde unos jóvenes le robaron la bolsa a una anciana en el parque. Ese día tú andabas por el mismo parque con tus amigos. Un policía quiere saber lo que hacías para averiguar si participaste en el robo. Contéstale usando el imperfecto.

1. ¿Dónde estabas alrededor de las dos de la tarde?

_____

2. ¿Qué llevabas puesto (*were you wearing*)?

_____

3. ¿Qué hacías en el parque?

_____

4. ¿A qué jugabas?

_____

5. ¿Quiénes estaban contigo?

_____

6. ¿Adónde iban ese día?

_____

7. ¿Qué otras personas había en el parque?

_____

8. ¿Qué hacían esas personas?

_____

3 **Las tareas del hogar** Cuando eras niño/a, ¿cuáles eran tus obligaciones en la casa? ¿Qué te mandaban hacer tus padres? En parejas, conversen sobre cuáles eran sus obligaciones. ¿Hacían ustedes tareas similares?

4 **¿Cómo ha cambiado tu vida?** Piensa en cómo era tu vida hace cinco años. ¿Cómo ha cambiado? En parejas, hablen de estos cambios. Escriban una lista de las responsabilidades que tienen ahora y las que tenían antes. Traten de incluir el mayor número posible de detalles.

modelo

Cuando estaba en el quinto grado no tenía mucha tarea, pero ahora tengo muchísima. Me paso toda la tarde en la biblioteca.

3.3 The preterite vs. the imperfect

1 **Distintos significados** Completa las oraciones con el pretérito o el imperfecto de los verbos entre paréntesis. Recuerda que cuando se usan estos verbos en el pretérito tienen un significado distinto al del imperfecto.

1. Cuando yo era niño, nunca _quería_ (querer) limpiar mi habitación, pero mis padres me obligaban a hacerlo.

2. Mi amigo ya _puso_ (poder) hablar chino y japonés cuando tenía siete años.

3. Finalmente, después de preguntar por todos lados, Ana _supo_ (saber) dónde comprar las entradas para el concierto.

4. Mis padres _querían_ (querer) mudarse a México. Estaban cansados de vivir en Europa.

5. Se rompió el televisor. Por suerte, mi amigo Juan Carlos _puso_ (poder) venir enseguida a arreglarlo.

6. Mi hermano _conoció_ (conocer) a su novia en el centro comercial.

7. Mi abuela _sabía_ (saber) cocinar muy bien.

8. Miguel y Roberto completaron el formulario pero no _quisieron_ (querer) contestar la última pregunta.

2 **¿Pretérito o imperfecto?** Indica si normalmente debes usar el pretérito (P) o el imperfecto (I) con estas expresiones de tiempo. Después escribe cinco oraciones completas que contengan estas expresiones.

_P_ el año pasado   _I_ siempre   _P_ ayer por la noche   _I_ todas las tardes

_I_ todos los días   _I_ mientras   _P_ el domingo pasado   _P_ una vez

3 **Mi mejor año** ¿Cuál fue tu mejor año en la escuela? Escribe una historia breve sobre ese año especial. Recuerda que para narrar series de acciones completas debes usar el pretérito y para describir el contexto o acciones habituales en el pasado debes usar el imperfecto. Comparte tu historia con la clase.

> **modelo**
> Creo que mi mejor año fue el segundo grado. Yo vivía con mi familia en Toronto, pero ese año nos mudamos a Vancouver.

4 **Lo que sentía** En parejas, conversen sobre tres situaciones o momentos de la niñez en los cuales sintieron algunas de estas emociones. Luego compartan con la clase lo que le pasó a la otra persona y lo que él/ella sintió. Utilicen el pretérito y el imperfecto.

- agobiado/a
- asombrado/a
- confundido/a
- feliz
- hambriento/a
- solo/a

4.1 The subjunctive in noun clauses

1

El doctor El doctor González escribe informes con el diagnóstico y las recomendaciones para cada paciente. Completa los informes con el indicativo o el subjuntivo de los verbos entre paréntesis.

Informe 1

Don José, creo que usted (1) _____ (sufrir) de mucho estrés. Usted (2) _____ (trabajar) demasiado y no (3) _____ (cuidarse) lo suficiente. Es necesario que usted (4) _____ (dormir) más horas. No creo que usted (5) _____ (necesitar) tomar medicinas, pero es importante que (6) _____ (controlar) su alimentación y (7) _____ (mantener) una dieta más equilibrada.

Informe 2

Carlitos, no hay duda de que tú (8) _____ (tener) varicela (chicken pox). Es una enfermedad muy contagiosa y por eso es necesario que (9) _____ (quedarse) en casa una semana. Como no podrás asistir a la escuela, te recomiendo que (10) _____ (hablar) con uno de tus compañeros y que (11) _____ (hacer) la tarea regularmente. Quiero que (12) _____ (aplicarse) (to apply) esta crema si te pica (itches) mucho la piel.

Informe 3

Susana y Pedro, es obvio que ustedes (13) _____ (tener) gripe. Para aliviar la tos, les recomiendo que (14) _____ (tomar) este jarabe por la mañana y estas pastillas por la noche. No creo que (15) _____ (necesitar) quedarse en cama. Les recomiendo que (16) _____ (beber) mucho líquido y que (17) _____ (comer) muchas frutas y verduras. Estoy seguro de que en unos días (18) _____ (ir) a sentirse mejor.

2

¿Cómo terminan? Escribe un final original para cada oración. Recuerda usar el subjuntivo cuando sea necesario.

1. Es imposible que hoy...

2. Dudo mucho que el profesor...

3. No es cierto que mis amigos y yo...

4. Es muy probable que yo...

5. Es evidente que en el hospital...

6. Los médicos recomiendan que...

3

Reacciones En grupos de cinco, digan cómo reaccionarían en estas situaciones. Deben usar el subjuntivo en sus respuestas para mostrar emoción, incredulidad, alegría, rechazo, insatisfacción, etc.

> **modelo**
>
> **Acabas de ganar un millón de dólares.**
> ¡Es imposible que sea verdad! No puedo creer que...

1. Un día vas al banco y te dicen que ya no te queda un centavo. No vas a poder comer esta semana.

2. Oyes que el agua que tomas del grifo (tap) está contaminada y que todos los habitantes de la ciudad se van a enfermar.

3. Llegas a la universidad el primer día y te dicen que no hay espacio para ti en la residencia estudiantil. Vas a tener que dormir en un hotel.

4. Tu novio/a te declara su amor e insiste en que se casen este mismo mes.

5. Tu nuevo/a compañero/a de cuarto te dice que tiene la gripe aviar (bird flu). Es muy contagiosa.

6. Acabas de ver a tu ex hablando mal de ti enfrente de millones de televidentes.

4.2 Commands

1   **Las indicaciones del médico** Lee los problemas de estos pacientes. Luego, completa las órdenes y recomendaciones que su médico les da.

Don Mariano y doña Teresa no duermen bien y sufren de mucha presión en el trabajo.	1. _____ (tomar) té de manzanilla y _____ (acostarse) siempre a la misma hora. 2. No _____ (trabajar) los domingos.
Juan come muchos dulces y tiene caries (*cavities*).	3. (Tú) _____ (cepillarse) los dientes dos veces por día. 4. No _____ (comer) más dulces.
La señora Ortenzo se lastimó jugando al tenis. Le duele el pie derecho.	5. (Usted) _____ (quedarse) en cama dos días. 6. No _____ (mover) el pie y no _____ (caminar) sin muletas (*crutches*).
Carlos y Antonio trasnochan con frecuencia y no comen una dieta sana.	7. _____ (dormir) por lo menos ocho horas cada noche. 8. No _____ (ir) a clase sin antes comer un desayuno saludable.

2   **Antes y ahora** ¿Te daban órdenes tus padres cuando eras niño/a? ¿Te siguen dando órdenes? Escribe cinco mandatos que te daban cuando eras niño/a y cinco que te dan ahora. Utiliza mandatos informales afirmativos y negativos.

Los mandatos de antes

_____

_____

_____

_____

_____

Los mandatos de ahora

_____

_____

_____

_____

_____

3   **El viernes por la noche** Tú y tus amigos están pensando en qué hacer este viernes. Tú sugieres actividades (usa mandatos con **nosotros/as**), pero tus compañeros/as rechazan (*reject*) tus ideas y sugieren otras. En grupos de tres, representen la conversación.

> **modelo**
> **ESTUDIANTE 1** Vayamos al cine esta noche.
> **ESTUDIANTE 2** No quiero porque no tengo dinero. Quedémonos en casa y veamos la tele.
> **ESTUDIANTE 3** Pues, alquilemos una película entonces...

4.3 *Por* and *para*

1 **El viaje de Carla** Carla está planeando pasar el verano en Bogotá para tomar cursos en la Universidad Nacional de Colombia. Une las frases para completar sus comentarios sobre el viaje.

____ 1. Este verano viajaré a Bogotá

____ 2. Es un programa de intercambio, organizado

____ 3. Estudiantes de varias universidades nos reuniremos en Miami y de allí saldremos

____ 4. Extrañaré a mi familia, pero prometen llamarme

____ 5. Quisiera pasar un año allá, pero sólo puedo ir

____ 6. Antes de volver a Nueva York, espero viajar

____ 7. Quiero perfeccionar el español

____ 8. En el futuro, espero trabajar

a. para Bogotá.

b. para estudiar español.

c. para la embajada (*embassy*).

d. para trabajar en Latinoamérica después de graduarme.

e. por mi universidad en Nueva York.

f. por teléfono una vez por semana.

g. por todo el país.

h. por tres meses.

2 **Instrucciones para cuidar al perro** Este fin de semana te toca cuidar al perro de tus vecinos y ellos están muy preocupados. Completa su lista de instrucciones con por o para.

1. Si el perro está muy deprimido, llama al veterinario _____ teléfono.

2. Si está un poco triste, haz todo lo que puedas _____ darle ánimo.

3. Últimamente tiene problemas de digestión y debe tomar una medicina _____ el estómago.

4. _____ ver si el perro tiene fiebre, usa este termómetro.

5. No es _____ tanto si no te saluda cuando entras en la casa; cuando te conozca mejor y te tenga más confianza comenzará a saludarte.

6. Sácalo a pasear todos los días: el ejercicio es bueno _____ los perros.

7. Nuestra rutina es caminar media hora _____ el parque.

8. Dale su medicina tres veces _____ día.

3 **Un acontecimiento increíble** ¿Alguna vez te ha ocurrido algo inusual o difícil de creer? Cuéntale a tu compañero/a un acontecimiento increíble que te haya ocurrido, o inventa uno. Incluye al menos cuatro expresiones de la lista.

para colmo	no estar para bromas	por casualidad	por supuesto
para que sepas	no ser para tanto	por fin	por más/mucho que

5.1 Comparatives and superlatives

1 **Los medios de transporte** Escribe seis oraciones completas para comparar los medios de transporte de la lista. Utiliza por lo menos tres comparativos y tres superlativos. Debes hacer comparaciones con respecto a estos aspectos:

- la rapidez
- la comodidad
- la diversión
- el precio

> **medios de transporte**
> autobús, avión, bicicleta, carro, metro, taxi, tren

> *modelo*
> Para viajar por la ciudad, el taxi es más caro que el autobús. /
> El avión es el medio más rápido de todos.

2 **El absoluto** Utiliza el superlativo absoluto (**-ísimo/a**) para escribir oraciones completas. Sigue el modelo.

> *modelo*
> **elefantes / animales / grande**
> Los elefantes son unos animales grandísimos.

1. diamantes / joyas / caro

2. avión / medio de transporte / rápido

3. Bill Gates / persona / rico

4. el puente de Brooklyn / largo

5. la clase de inglés / fácil

6. Dakota Fanning / actriz / joven

7. Boca Juniors / equipo de fútbol argentino / famoso

8. el Río de la Plata / ancho

3 **Un pariente especial** ¿Hay alguien en tu familia que consideras especial? ¿Te pareces a esa persona? ¿Es mayor o menor que tú? ¿Qué similitudes y diferencias tienen? Trabaja con un(a) compañero/a: dile quién es tu pariente favorito y cuéntale en qué se parecen y en qué se diferencian. Usa comparativos en tu descripción. Incluye algunos de estos aspectos:

altura	gustos
apariencia física	personalidad
edad	vida académica

> *modelo*
> Mi primo Juan es mi primo favorito. Es mayor que yo, pero
> yo soy mucho más alto que él...

5.2 The subjunctive in adjective clauses

1 **Unir los elementos** Escribe cinco oraciones lógicas combinando elementos de las tres columnas.

> **modelo**
> Juan busca un libro que esté escrito en español.

Juan (estudiante de español)	buscar un tutor	pagar bien
Pedro (tiene un carro viejo)	buscar un libro	ser divertida
Ana (tiene muy poco dinero)	necesitar un carro	ayudarme
mis amigos (están aburridos)	tener que ir a una fiesta	ser nuevo y rápido
yo (tengo problemas con la clase de cálculo)	querer un trabajo	poder ayudarnos
nosotros (no sabemos qué clases tomar el próximo semestre)	necesitar hablar con un consejero	estar escrito en español

2 **En el aeropuerto** Mientras esperas en el aeropuerto, escuchas todo lo que dicen los empleados de la aerolínea y los agentes de seguridad. Usa el subjuntivo para terminar las oraciones de manera lógica.

1. Deben pasar por aquí las personas que _____.

2. ¿Tiene usted algo en su bolsa que _____?

3. Debe sacar del bolsillo todo lo que _____.

4. No diga chistes que _____.

5. Pueden pasar los viajeros que _____.

6. No se pueden llevar maletas que _____.

3 **Anuncios personales** En grupos de tres, escriban anuncios personales para una persona que busca novio/a. Los anuncios deben ser detallados y creativos, y deben usar el subjuntivo y el indicativo. Después, compartan el anuncio con la clase para ver si encuentran a alguien que se parezca a la persona de su anuncio.

5.3 Negative and positive expressions

1 **De compras** Has desembarcado de un crucero en una isla remota. Quieres comprar algo típico para tus amigos, pero el empleado te hace mil preguntas sobre lo que quieres. Elige las opciones correctas para completar la conversación.

EMPLEADO ¡Hola! ¿Quieres (1) _____ (algo / nada) extraordinario para tus amigos?

TÚ No, no quiero (2) _____ (algo / nada) extraordinario, quiero (3) _____ (algo / nada) típico de la isla.

EMPLEADO Tenemos unos recuerdos muy especiales por aquí. (4) _____ (Siempre / Nunca) es mejor regalar (5) _____ (algo / nada) que llegar con las manos vacías (*empty*)…

TÚ Sí. Pero (6) _____ (también / tampoco) es bueno comprar cosas que no quepan en la maleta. Necesito un recuerdo que no sea muy grande pero (7) _____ (también / tampoco) muy pequeño, por favor.

EMPLEADO Es que no tenemos (8) _____ (algo / nada) así. Todo lo que tenemos (9) _____ (o / ni) es muy chiquito (10) _____ (o / ni) es muy grande. No tenemos (11) _____ (algo / nada) de tamaño mediano.

TÚ Bueno, señor, el barco ya se va… Si usted no tiene (12) _____ (algo / nada) que yo pueda comprar ahora mismo, me tendré que ir.

EMPLEADO Lo siento. (13) _____ (Alguien / Nadie) compra recuerdos aquí (14) _____ (siempre / jamás). No entiendo por qué será.

2 **En el avión** Marcos, un viajero, es un poco caprichoso; nada le viene bien. Escribe **o… o, ni… ni,** o **ni siquiera** para completar sus quejas.

1. Le pedí una bebida al asistente de vuelo pero no me trajo _____ café _____ agua.

2. ¡Qué día fatal! No pude _____ empacar la última maleta _____ despedirme de mis amigos.

3. Por favor, _____ sean puntuales _____ avisen si van a llegar tarde.

4. Hoy me siento enfermo. No puedo _____ dormir _____ hablar. _____ puedo moverme.

5. Me duele la cabeza. No quiero escuchar _____ música _____ la radio.

3 **Opiniones** En grupos de cuatro, hablen sobre estas opiniones y digan si están de acuerdo o no. Por turnos, expliquen sus razones. Usen expresiones positivas y negativas.

1. Es más costoso viajar en primera clase, pero vale la pena.

2. Conocer otros países y culturas es más importante que aprender de un libro.

3. Hacer un intercambio te abre más a otras maneras de pensar.

4. Es mejor ir de vacaciones durante el verano que durante el invierno.

5. Ir de viaje es la mejor manera de gastar los ahorros.

6. Es más peligroso viajar hoy en día. Antes era muchísimo más seguro.

6.1 The future

1 **¿Qué pasará?** Usa el futuro para explicar qué puede estar ocurriendo en cada una de las situaciones. Puedes utilizar las ideas de la lista o inventar otras.

> **modelo**
>
> **Hoy tu carro no arranca (*doesn't start*). Hay algo que no funciona.**
> El carro no tendrá gasolina. / La batería estará descargada.

(su gato/su conejo) estar perdido	tener otros planes
(él/ella/su perro) estar enfermo/a	no tener ganas
haber un huracán	

1. María siempre llega a la clase de español puntualmente, pero la clase ya empezó y ella no está.

2. Carlos es el presidente del club ecologista, pero hoy no vino a la reunión.

3. Sara y María son dos personas muy alegres y optimistas, pero hoy están tristes y no quieren hablar con nadie.

4. He invitado a Juan a ir al cine con nosotros, pero no quiere ir.

5. Mañana vas a viajar a una zona tropical. Te acaban de avisar que se canceló tu vuelo.

2 **Campaña informativa** En parejas, imaginen que trabajan para una organización que se dedica a proteger el medio ambiente. Les han pedido que preparen una campaña informativa para concientizar a la gente sobre (*make people aware of*) los problemas ecológicos. Contesten las preguntas y después compartan la información con la clase.

1. ¿Cómo se llamará la campaña?

2. ¿Qué problemas del medio ambiente tratará?

3. ¿Qué consejos darán?

4. ¿Qué harán para distribuir la información?

5. ¿Creen que su campaña tendrá éxito? ¿Por qué?

3 **Horóscopo** En parejas, escriban el horóscopo de su compañero/a para el mes que viene. Utilicen verbos en futuro y algunas frases de la lista. Luego compártanlo con sus compañeros/as.

decir secretos	haber sorpresa	recibir una visita
empezar una relación	hacer daño	tener suerte
festejar	hacer un viaje	venir amigos
ganar/perder dinero	poder solucionar problemas	viajar al extranjero

---

16 **Lección 6 Más práctica** Activities

6.2 The subjunctive in adverbial clauses

1 **En el parque** Javier quiere leer los carteles (*signs*) del parque nacional, pero Sol no cree que sean importantes. Completa la conversación con el subjuntivo del verbo indicado.

JAVIER Espera, Sol, quiero leer los carteles.

SOL Es que son muy obvios. No dicen nada que yo no (1) _____ (saber). "Tan pronto como usted (2) _____ (escuchar) un trueno, aléjese de las zonas altas." ¡Qué tontería! ¡Eso es obvio!

JAVIER Sí, pero son importantes para que los visitantes (3) _____ (ser) conscientes de la seguridad.

SOL ¿Y qué tiene que ver este otro cartel con la seguridad? "Para que no (4) _____ (haber) erosión, caminen sólo por el sendero."

JAVIER Bueno, es que algunos carteles son para que la gente (5) _____ (ayudar) a cuidar el parque. Por ejemplo, este otro...

SOL Basta, Javier, estoy harta de estos carteles tan obvios. Si realmente quieren cuidar el parque, ¿por qué no ponen cestos (*bins*) para la basura?

JAVIER Bueno, justamente el cartel dice: "No tenemos cestos para la basura para que los visitantes nos (6) _____ (ayudar) llevándose su propia basura del parque."

SOL Bueno, yo no he dicho que todos los carteles (7) _____ (ser) inútiles.

2 **En casa** Tu hermana insiste en que tu familia colabore para proteger el medio ambiente. Tiene una lista de órdenes que quiere que ustedes cumplan. Escribe cada orden de otra forma, usando el subjuntivo y las palabras que están entre paréntesis. Haz los cambios necesarios.

> **modelo**
> **Usen el aire acondicionado lo mínimo posible. (siempre que)**
> Siempre que sea posible, no usen el aire acondicionado.

1. Cierren bien el grifo (*faucet*) y no dejen escapar ni una gota de agua. (para que)

2. Apaguen las luces al salir de un cuarto. (tan pronto como)

3. No boten las botellas. Hay que averiguar primero si se pueden reciclar. (antes de que)

4. Vayan a la escuela en bicicleta. Usen el carro sólo si hace mal tiempo. (a menos que)

5. En lugar de encender la calefacción (*heating*), pónganse otro suéter. (siempre que)

3 **Conversaciones** En parejas, representen estas dos conversaciones. Usen conjunciones de la lista y recuerden que algunas de estas construcciones exigen un verbo en subjuntivo.

a menos que	aunque	cuando	hasta que	sin (que)
antes de (que)	con tal de (que)	en caso de (que)	para (que)	tan pronto como

1. Una pareja de recién casados está planeando su luna de miel (*honeymoon*): Ella quiere ir a una isla remota. Él quiere ir a París.

2. Una madre y su hijo: Él tiene su licencia de conducir y quiere una motocicleta.

6.3 Prepositions: *a, hacia,* and *con*

1 **Un día horrible** Completa el texto con las preposiciones **a, hacia** o **con**.

Hola, Miguel:

Ayer tuve un día horrible. Casi prefiero no acordarme. Puse el despertador para que sonara (1) _____ las seis de la mañana pero me dormí y me levanté (2) _____ las siete. Mi clase de ecología empezaba a las ocho así que iba a llegar tarde. El profesor es bastante estricto y siempre se enoja (3) _____ los estudiantes que no llegan a tiempo.

Mi día había comenzado mal e iba a seguir peor. Salí de casa y comencé (4) _____ correr (5) _____ la universidad. Cuando estaba (6) _____ la mitad del camino, algo terrible ocurrió. Una señora que estaba (7) _____ mi izquierda no vio la farola (*streetlight*) y chocó (8) _____ ella. Fue un golpe tremendo. Fui (9) _____ ayudarla, pues se había caído. Tuve que levantarla (10) _____ mucho cuidado porque estaba mareada. Cuando llegó la policía, yo comencé (11) _____ correr otra vez. Entré a clase muy tarde, (12) _____ las ocho y media. ¡Qué locura!

Un abrazo,

Lupe

2 **Carta** Imagina que estás de vacaciones en otro país y le escribes una carta a tu familia contándoles los detalles de tu viaje. Puedes incluir información sobre el horario de las actividades, los lugares que has visitado, las cosas que has hecho y los planes para el resto del viaje. Utiliza por lo menos seis expresiones de la lista.

> **modelo**
> Al llegar a San Juan, fui al hotel con Marta.

al llegar	estaba(n) conmigo	con un guía turístico
a veinte (millas)	con cuidado/anticipación	hacia/a las (nueve y media)
ayudar a	con mi cámara	hacia la playa/el bosque

3 **El guardaparques** Trabajen en grupos de cuatro. Una persona es el/la guardaparques (*park ranger*) y las otras tres son turistas. Algunos turistas no respetaron las reglas del parque y el/la guardaparques quiere saber quiénes fueron. Representen la situación usando la información de la lista y las preposiciones **a, hacia** y **con**.

estar / las dos de la tarde	hablar / otras personas
ir / tanta prisa	contaminar / combustible
dar de comer / los animales salvajes	ir / sacar plantas
envenenar / una sustancia tóxica	ir / otra gente
dirigir / la salida	ver / alguien sospechoso

7.1 The present perfect

1

Oraciones Cambia las oraciones del pretérito al pretérito perfecto.

1. Juan y yo vimos una estrella fugaz.
2. Yo hice la tarea en el laboratorio.
3. La científica le dijo la verdad a su colega.
4. El astronauta volvió de su viaje.
5. Ustedes encontraron la solución al problema.
6. Nosotros clonamos unas células.
7. Vendiste tu computadora portátil.
8. Comprobaron la teoría.

2

Primer día Es el primer día de la clase de informática, y la profesora les dice las reglas del curso. Contéstale usando el pretérito perfecto.

> **modelo**
> **Abran el sitio web de la clase.**
> Ya lo hemos abierto.

1. Apaguen los teléfonos celulares.
2. Inventen una contraseña para su trabajo.
3. Descarguen el programa de Internet que vamos a usar.
4. Guarden todo su trabajo en su archivo personal.
5. Añadan sus direcciones de correo electrónico a la lista de la clase.
6. Antes de entregar su trabajo, revísenlo con el corrector ortográfico.

3

Viaje Imagina que eres astronauta y acabas de volver de tu primer viaje a otro planeta. Tu compañero/a es reportero/a y te hace preguntas sobre lo que has visto y lo que has hecho en el viaje. Utilicen el pretérito perfecto de los verbos del recuadro.

> **modelo**
> **REPORTERO/A** ¿Que has aprendido de la cultura de los extraterrestres?
> **ASTRONAUTA** He aprendido que...

aprender	descubrir	hacer
comer	explorar	ver

4

Extraterrestres En grupos de tres, imaginen que son extraterrestres. Un grupo tiene que explicar cómo son los seres humanos a otro grupo que no los ha visto todavía. En su conversación, utilicen el pretérito perfecto.

> **modelo**
> **GRUPO 1** ¿Han averiguado por qué los seres humanos se sientan enfrente de esas pantallas todo el día?
> **GRUPO 2** No lo hemos averiguado todavía, pero pensamos que es una forma de comunicarse con los espíritus de otro mundo...

Lección 7 Más práctica Activities **19**

7.2 The past perfect

1 Testigo del futuro Un día escuchas a un hombre hablando en la cima de una montaña. Te acercas un poquito más y lo oyes decir que ha vuelto de un viaje al futuro. Termina su visión del futuro con el pluscuamperfecto.

> Hola, queridos amigos... Soy Rubén, testigo del futuro. Les informo que antes del año 2050, los científicos ya (1) _____ (clonar) al ser humano. Antes de 2060, los inventores ya (2) _____ (fabricar) un automóvil volador. Antes de 2070, los investigadores ya (3) _____ (descubrir) una cura para todo tipo de enfermedad. Antes de 2080, un biólogo extraordinario ya (4) _____ (inventar) una semilla (*seed*) resistente a todo tipo de insecto y que no necesita ni agua ni tierra para crecer. Antes de 2090, nuestro presidente ya (5) _____ (crear) un sistema de gobierno justo que funciona para el bien de todos. Antes del año 3000, ya (nosotros) (6) _____ (investigar) los orígenes del universo. Antes de 3005, ya (nosotros) (7) _____ (terminar) con las guerras en la Tierra. Antes de 3010, ya (nosotros) (8) _____ (comprobar) que sí hay vida en otros planetas...

2 ¿Qué hiciste ayer? Seguro que tienes una vida muy ocupada. Escribe oraciones completas para contar lo que ya habías hecho ayer antes de las situaciones indicadas. Utiliza el pluscuamperfecto.

> *modelo*
> **antes del desayuno**
> Antes del desayuno, ya me había afeitado.

1. antes del desayuno

2. antes de ir a clase

3. antes del almuerzo

4. antes de la cena

5. antes de acostarte

3 Tus logros Piensa en cuatro cosas que ya habías logrado antes de ir a la universidad y cuéntaselas a tu compañero/a. También debes preguntarle por sus logros (*achievements*).

> *modelo*
> Antes de ir a la universidad, ya había conseguido mi licencia de conducir. ¿Y tú?

7.3 Diminutives and augmentatives

1 **Diminutivos** Carlos siempre habla usando diminutivos. Completa sus descripciones con el diminutivo (**-ito/a**) de las palabras entre paréntesis.

Ayer fui al (1) _____ (mercado) de antigüedades que está muy (2) _____ (cerca) de mi

(3) _____ (casa) y compré algunas (4) _____ (cosas) muy valiosas. En el primer puesto,

un (5) _____ (hombre) muy simpático me aconsejó comprar un (6) _____ (libro) viejo

y muy bonito. Cuando regresé a casa, tenía mucho frío y me tomé un (7) _____ (café) para

calentarme. Me senté en mi (8) _____ (silla) favorita y empecé a leer. Fue una mañana

muy divertida.

2 **Los cuentos infantiles**

A. El señor Ordóñez odia los diminutivos. Por eso ha cambiado todos los títulos en el libro de cuentos infantiles (*children's stories*) que le lee a su hijo. Lee el índice y escribe los títulos en su forma original. Usa el diminutivo (**-ito/a**).

❧ Cuentos Infantiles ❧

1. Blancanieves (*Snow White*) y los siete ▬▬▬ *enanos* (*dwarves*).......2
2. ▬▬▬ *Caperuza* (*Little hood*) Roja 8
3. La ▬▬▬ *gallina* (*little hen*) colorada.....................16
4. El ▬▬▬ *pato* (*duckling*) feo.............................22
5. La ▬▬▬ *sirena* (*little mermaid*) 26
6. Los tres ▬▬▬ *cerdos* (*little pigs*) 34
7. El ▬▬▬ *soldado* de plomo (*tin soldier*).................40
8. ▬▬▬ *Pulgar* (*thumb*)...................................46

1. _____   3. _____   5. _____   7. _____

2. _____   4. _____   6. _____   8. _____

B. Ahora, en parejas, escriban las primeras diez oraciones de un cuento infantil. Pueden contar alguno de los cuentos tradicionales o inventar uno. Incluyan el mayor número posible de aumentativos y diminutivos.

3 **Opiniones** En parejas, imaginen que uno/a de ustedes cree en los ovnis. Discutan el tema. Usen aumentativos y diminutivos.

> **modelo**
> —Sé que los ovnis existen porque una noche vi unas lucecitas extrañas...
> —Estás un poco loquito. Seguramente viste lucecitas en tu cabezota.

Más práctica Activities

8.1 The conditional

1

Oraciones incompletas Completa las oraciones con el condicional del verbo entre paréntesis.

1. María _____ (salir) con Juan porque le cae muy bien.

2. Si no llevara tantos libros, todo _____ (caber) en una sola maleta.

3. La comida no tiene sabor. Nosotros le _____ (poner) un poco más de sal.

4. No sé cuál _____ (ser) el mejor momento para llamar al gerente.

5. Le pregunté al médico cuánto _____ (valer) las medicinas que él me recetó.

2

El futuro en el pasado Usa el condicional para expresar el pasado de cada oración. Usa el pretérito o el imperfecto en las cláusulas principales. Sigue el modelo.

> **modelo**
> **Juan dice que llegará pronto.**
> Juan dijo que llegaría pronto.

1. Los empleados creen que recibirán un aumento el mes que viene.

2. El gerente afirma que la reunión será muy breve.

3. Carlos dice que nevará mañana y que suspenderán el viaje de negocios.

4. María nos cuenta que ella se jubilará en cinco años.

5. Muchas personas piensan que la globalización crecerá en el futuro próximo.

6. Los vendedores están seguros de que venderán el doble este año.

3

Bien educado ¿Cómo pedirías algo de manera educada en estas situaciones? Escribe una pregunta apropiada para cada situación.

1. Estás en un restaurante y te das cuenta de que no tienes servilleta.

2. Eres un(a) turista en Caracas y no sabes cómo llegar a la Plaza Venezuela.

3. Quieres que tu profesor(a) te diga cuál es tu nota en su clase.

4. Tienes un billete de $5 y necesitas monedas para hacer una llamada telefónica.

5. Estás en la biblioteca y no puedes encontrar el libro que necesitas. Le pides ayuda al bibliotecario.

4

Profesiones misteriosas Elige tres profesiones interesantes. Luego reúnete con tres compañeros/as y, sin mencionar cuáles son, diles lo que harías hoy si trabajaras en cada una de esas profesiones. Tus compañeros/as deben adivinar cuáles elegiste.

> **modelo**
> **ESTUDIANTE 1** Hoy me levantaría temprano y después desayunaría con mi esposa. Por la mañana trabajaría en mi oficina y almorzaría con el presidente de Francia. Por la tarde asistiría a una sesión de la Cámara de Representantes... ¿Quién soy?
> **ESTUDIANTE 2** Eres el presidente de los Estados Unidos.

8.2 The past subjunctive

1 **Un robo** Tu amiga Francisca acaba de volver del banco y te cuenta lo que le pasó: ¡alguien intentó robar el banco! Completa su historia con el imperfecto del subjuntivo de los verbos entre paréntesis.

Un hombre que llevaba una máscara entró al banco y nos dijo a todos que (1) _____ (acostarse) boca abajo en el piso. Después les ordenó a todos los empleados que (2) _____ (sacar) todo el dinero de la caja y que lo (3) _____ (poner) en una mochila. El gerente vino en ese momento y le pidió al ladrón que (4) _____ (irse) del banco sin hacerle daño a nadie. El hombre empezó a gritar e insistió en que todos nosotros le (5) _____ (prestar) atención. Nos prohibió que (6) _____ (hablar) entre nosotros. Empezó a quitarnos los relojes y las joyas, y nos exigió que (7) _____ (quedarse) en el piso. De repente una mujer se paró y regañó (*scolded*) al ladrón como si él (8) _____ (ser) su propio hijo. El hombre dejó caer todo lo que tenía en la mochila y se fue para la salida. Nos sorprendió que esa mujer (9) _____ (tener) tanto valor. ¡Ella dijo que dudaba que su hijo (10) _____ (volver) a robar de nuevo y que ella misma se encargaría de llevarlo ante un juez!

2 **Oraciones** Completa las oraciones de manera lógica. Puede ser necesario usar el imperfecto del subjuntivo.

1. Yo sabía que el gerente _____.

2. Era imposible que yo _____.

3. María y Penélope hicieron todo para que la reunión _____.

4. La empresa buscaba una persona que _____.

5. El vendedor estaba seguro de que el cliente _____.

6. En la conferencia, conociste a alguien que _____.

7. Sentí mucho que ustedes _____.

8. La empresa multinacional prohibió que sus empleados _____.

3 **La reunión** En parejas, imaginen que trabajan para la misma empresa. Uno/a de sus colegas no estuvo ayer y no asistió a una reunión muy importante. Túrnense para contarle lo que se dijo en la reunión. Utilicen los verbos de la lista y el imperfecto del subjuntivo.

aconsejar	pedir
estar seguro/a	proponer
exigir	recomendar
insistir en	sugerir

Más práctica Activities

8.3 *Si* clauses with simple tenses

1 **Muy mandona** Tu jefa es muy mandona (*bossy*). Elige el tiempo verbal correcto para completar sus órdenes.

1. Si usted no _____ (termina / terminaría) este reportaje antes de las dos, no va a cobrar su sueldo este mes.

2. Si yo no tengo en mis manos el archivo hoy mismo, usted _____ (quedará / quedaría) despedido/a.

3. Si usted _____ (trabajara / trabajaría) un poco más y _____ (hablara / hablaría) menos, terminaría su trabajo antes del Año Nuevo.

4. Si no _____ (estaba / estuviera) tan atrasado/a, tendría más tiempo para salir a festejar su cumpleaños esta noche.

5. Si usted no _____ (limpia / limpiara) su oficina, va a trabajar en el pasillo.

6. Si usted tiene algún problema con alguien en la oficina, no me _____ (dice / diga) nada, pues no tengo tiempo.

2 **Volver a vivir** Imagina que puedes volver a vivir un año de tu vida. Decide qué año quieres repetir y contesta las preguntas con oraciones completas.

1. Si pudieras elegir un año para vivirlo de nuevo, ¿qué año elegirías?

2. Si tuvieras que cambiar algo de ese año, ¿qué cambios harías?

3. Si pudieras llevar a alguien contigo, ¿a quién llevarías?

4. Si pudieras hacer algo que antes no pudiste hacer, ¿qué te gustaría hacer?

5. Si pudieras decirle a alguien lo que pasaría en el futuro, ¿qué le dirías?

3 **Consejos** Trabajen en grupos de cuatro. Cada uno debe escoger una de estas situaciones difíciles y luego explicar su problema al grupo. Los demás deben darle al menos cinco consejos para solucionar el problema. Utilicen oraciones con **si**.

> **"**No tengo trabajo pero sí tengo muchas deudas. Soy muy joven para tener tantos problemas. Estoy dispuesto/a a aceptar cualquier puesto. ¿Qué puedo hacer?**"**

> **"**Estoy cansado/a de trabajar más horas que un reloj y cobrar el sueldo mínimo. Tengo tres hijos pequeños. Mi esposo/a es un(a) ejecutivo/a y gana mucho dinero, pero siempre está fuera de casa. ¡Estoy agotado/a!**"**

> **"**Soy un(a) vendedor(a) exitoso/a, pero mi trabajo consiste en vender un producto defectuoso. Odio tener que mentir a los clientes. Quiero renunciar, pero temo no poder ganarme la vida en otro trabajo.**"**

> **"**Ayer fui al cajero automático y me di cuenta de que todos mis ahorros habían desaparecido. Creo que alguien robó mi identidad. ¡Me iré a la bancarrota!**"**

9.1 The present perfect subjunctive

Más práctica Activities

1 **La prensa sensacionalista** Completa las oraciones con la forma adecuada del verbo entre paréntesis: el presente del subjuntivo o el pretérito perfecto del subjuntivo.

1. Dudo que los actores _____ (casarse) anoche como dice en las revistas.

2. No es posible que _____ (ser) un error; todo lo que se publica es verdad.

3. Estoy seguro de que muy pronto los actores negarán que _____ (separarse).

4. No puedo creer que ustedes _____ (comprar) esas revistas llenas de mentiras.

5. Es necesario que nosotros _____ (mantenerse) al tanto de las noticias.

6. No pienso que las revistas _____ (publicar) información verdadera.

7. Es poco probable que lo que sale en las revistas _____ (pasar) en la vida real.

8. Es muy importante que todos _____ (tener) la oportunidad de saber cómo vive la gente famosa.

9. No me gusta que ya _____ (mostrar) fotos de los bebés de los actores.

10. Todavía no puedo creer que Brad y Jennifer _____ (divorciarse).

2 **Deseos** Escribe tres deseos para el presente o el futuro utilizando el presente del subjuntivo, y tres deseos de que algo ya haya ocurrido utilizando el pretérito perfecto del subjuntivo. Comienza tus oraciones con **Ojalá**.

> **modelo**
> Ojalá mis padres disfruten de sus vacaciones el mes que viene.
> Ojalá mi cheque haya llegado ya, pues necesito el dinero cuanto antes.

3 **Noticias increíbles** En parejas, inventen cuatro noticias increíbles. Luego léanselas a otra pareja y túrnense para expresar su sorpresa o incredulidad. Utilicen el pretérito perfecto del subjuntivo.

> **modelo**
> **PAREJA 1** En California han conseguido que un mono lea revistas.
> **PAREJA 2** No creemos que hayan logrado eso. Es imposible que los monos lean.

4 **Un día fatal** Piensa en el peor día que has tenido este mes. Luego, en grupos de tres, túrnense para compartir lo que les ha pasado. Deben responder a sus compañeros/as con el pretérito perfecto del subjuntivo. Utilicen frases de la lista.

Es una lástima que...	No puedo creer que...
Es una pena que...	Qué terrible que...
Espero que...	No me digas que...
Siento que...	No puede ser que...

> **modelo**
> **ESTUDIANTE 1** Hace una semana fui al dentista y me dijo que tenía que sacarme tres dientes.
> **ESTUDIANTE 2** ¡Qué horrible que te haya pasado eso!
> **ESTUDIANTE 3** Espero que no te haya dolido mucho.

9.2 Relative pronouns

1 **En la radio** Completa este informe con las palabras apropiadas.

¡Hola a todos mis radioyentes! Soy yo, Pancho, el hombre (1) _____ (el que / que) siempre está listo para ayudarlos a festejar el fin de semana. A ver... (2) _____ (El que / Los que) no conocen a este cantante (3) _____ (cuyo / que) les voy a presentar ahora, escuchen bien. Se llama Matías y él apareció hace dos días en la revista *Moda*, en (4) _____ (la cual / el cual) supimos que es soltero y que está buscando... Chicas, ¡apúrense que este soltero guapo no va a durar mucho así! Matías, (5) _____ (el cual / cuyo) nuevo álbum se titula *Rayas*, va a actuar en vivo en la plaza central el mes que viene. No se lo pierdan. (6) _____ (Los que / Quien) no puedan ir, no se preocupen, porque sin duda este cantante volverá. Y ahora, vamos a escuchar la canción *Azul* de su nuevo álbum, (7) _____ (quienes / del cual) ya se han vendido ¡un millón de copias!

2 **Conexiones** Escribe cinco oraciones combinando elementos de las tres columnas y los pronombres relativos necesarios.

el periodista	que	hablar conmigo
el lector	en la que	es ciego
el público	el cual	no tiene mucha información
la sección deportiva	en el que	no sabe nada
la crítica de cine	la cual	me molesta

3 **Adivinanzas** Piensa en una persona famosa y descríbela para que tu compañero/a adivine de quién se trata. Usa pronombres relativos en tu descripción.

> **modelo**
> —Es una mujer que es muy popular en el mundo de los deportes. Su hermana, con quien ella practica un deporte, es también muy famosa. Ella es la mayor de las dos. Su padre, quien es su entrenador (*coach*), es un hombre bastante controvertido. Los torneos que ella ha ganado son muy importantes. ¿Quién es?
> —Es Venus Williams.

4 **Encuesta** Entrevista a tus compañeros/as de clase y anota los nombres de los que respondan que sí a estas preguntas. Introduce cada pregunta con una oración que incluya pronombres relativos. Sigue el modelo. Al finalizar, presenta los resultados a la clase.

> **modelo**
> **¿Tus padres son extranjeros?**
> Estoy buscando a alguien cuyos padres sean extranjeros/que tenga padres extranjeros. ¿Tus padres son extranjeros?

- ¿Viajaste al extranjero recientemente?
- ¿Te gusta el cine en español?
- ¿Te gustan las películas de terror?
- ¿Te gustan los documentales?
- ¿Conoces a alguna persona famosa?
- ¿Tus hermanos/as escuchan ópera?

Más práctica Activities

9.3 The neuter *lo*

1 **Chisme** Dos fanáticas de Fabio, un famoso actor de telenovelas, hablan de su nuevo corte de pelo. Completa la conversación usando expresiones con **lo**. Puedes usar las opciones más de una vez.

lo bonito	lo peor
lo difícil	lo que
lo feo	lo ridículo

INÉS ¿Has leído las noticias hoy? No vas a creer (1) _____ hizo Fabio.

ANGELINA Bueno, ¡cuéntame! (2) _____ es ser la última en saber.

INÉS ¿Recuerdas (3) _____ que tenía el pelo? Ahora…

ANGELINA ¿Qué hizo? (4) _____ no soporto es un hombre rapado (*shaved*)…

INÉS Sí, lo adivinaste. Y para colmo, ahora no sabes (5) _____ que es reconocerlo en las fotos.

ANGELINA Su pelo era (6) _____ más me gustaba.

INÉS (7) _____ dicen en las noticias es que va a perder todos sus contratos por este corte de pelo. El pobre se va a quedar sin trabajo.

ANGELINA El mundo del espectáculo… Siempre me asombra (8) _____ que es. ¿No saben acaso que el pelo crece enseguida?

INÉS Me pregunto si (9) _____ esto significa es que nosotras también somos unas ridículas por preocuparnos por estas cosas.

2 **Positivo y negativo** Escribe un aspecto positivo y otro negativo de cada una de las personas o cosas de la lista. Usa expresiones con **lo**.

la vida estudiantil	mi mejor amigo/a
el trabajo	la comida de la cafetería
mis padres	mis clases

> **modelo**
> Lo mejor de la vida estudiantil es que los estudiantes son muy simpáticos, pero lo peor es la tarea.

3 **Comentarios** En grupos de tres, preparen una lista de seis situaciones o acontecimientos que ustedes consideran extraordinarios o increíbles. Después, cada compañero/a debe reaccionar a esa situación o acontecimiento. Expresen sus opiniones usando **lo** + [*adjetivo*]. Sigan el modelo.

> **modelo**
> —El precio de la gasolina ha subido otra vez.
> —Es increíble lo cara que está la gasolina. Voy a tener que dejar de usar el carro.

10.1 The future perfect

1 **Oraciones** Combina los elementos y haz los cambios necesarios para formar oraciones con el futuro perfecto. Sigue el modelo.

> **modelo**
> **2030 / autora / publicar / novela**
> Para el año 2030, la autora habrá publicado su novela.

1. el año que viene / los dramaturgos / despedir / actor principal

2. el próximo semestre / yo / experimentar con / estilo realista

3. el año 2025 / el poeta y yo / terminar / estrofa final

4. dentro de cinco años / tú / pintar / autorretrato famoso

5. el fin del siglo / la escultora / esculpir / obra maestra

2 **Probabilidad** Hoy han ocurrido una serie de cosas y tú no sabes muy bien por qué, pero imaginas lo que pudo haber pasado. Escribe oraciones para indicar lo que pudo haber pasado usando el futuro perfecto y la información indicada.

> **modelo**
> **Hoy cancelaron la obra de teatro. (actriz principal / sentirse enferma)**
> La actriz principal se habrá sentido enferma.

1. El novelista no pudo llegar a la conferencia. (su avión / retrasarse)

2. El escultor decidió no vender la escultura. (ellos / no ofrecerle suficiente dinero)

3. La pintora estaba muy contenta. (ella / vender un cuadro)

4. Juan no quiso seguir leyendo la novela. (no interesarle el argumento)

5. Ellas se marcharon antes de que terminara la obra de teatro. (tener un problema)

3 **¿Qué habrás hecho?** Imagina todo lo que harás entre este año y el año 2050. ¿Qué habrá sido de tu vida? ¿Qué habrás hecho? Escribe un párrafo describiendo lo que habrás hecho para entonces. Usa el futuro perfecto de seis verbos de la lista.

> **modelo**
> Para el año 2050, habré vivido en el extranjero y habré aprendido cinco idiomas.

aprender	estar	publicar	trabajar
celebrar	ganar	ser	ver
conocer	poder	tener	vivir

4 **Predicciones** En parejas, túrnense para hacer predicciones sobre lo que su compañero/a habrá logrado en cada década (*decade*) de su vida. Luego respondan a las predicciones.

> **modelo**
> —Para cuando cumplas treinta años, habrás recibido un doctorado en español.
> —No creo. Habré recibido un doctorado, pero en bioquímica.

10.2 The conditional perfect

1 **Oraciones relacionadas** Escribe los verbos de la segunda columna en el condicional perfecto para completar cada oración. Luego empareja las oraciones de manera lógica.

____ 1. Carmen no logró vender ni un solo cuadro.

____ 2. Miguel ya se había ido cuando los críticos dijeron que él era el mejor músico del concierto.

____ 3. En la fiesta, Julia puso una música muy aburrida.

____ 4. El videojuego era muy violento.

____ 5. Por fin se estrenó la película.

a. El director se preguntaba si le _____ (gustar) al público.

b. De saberlo, Bárbara no se lo _____ (comprar) a su nieto.

c. Yo, en su lugar, no _____ (pedir) tanto por los cuadros.

d. Yo _____ (poner) música bailable.

e. ¡Miguel no lo _____ (creer)!

2 **Pues yo...** Tú eres una persona muy crítica y casi nunca te gustan las pinturas o esculturas que ves ni los libros que lees. Siempre dices por qué algo no te gusta y después explicas cómo lo habrías hecho tú. Escribe oraciones con el condicional perfecto siguiendo el modelo.

> **modelo**
> **El final de la novela es demasiado cómico.**
> Yo habría escrito un final trágico.

1. El pintor usó colores muy oscuros. Yo ...

2. La escultura es demasiado grande. Yo...

3. El cuadro no tiene mucha luz. Yo ...

4. El argumento de la novela es demasiado complicado. Yo...

5. No entiendo por qué la artista pintó con acuarela. Yo ...

6. Estas esculturas son surrealistas. Yo...

3 **Cuidando a los niños** Tu vecina te pide que cuides a sus hijos este fin de semana, pero primero quiere hacerte unas preguntas. Ella quiere saber qué habrías hecho tú en cada una de las situaciones que tuvieron lugar con el/la niñero/a anterior. En parejas, túrnense para representar la conversación. Utilicen el condicional perfecto.

> **modelo**
> **dejar / los platos sucios**
> — La chica que cuidó a los niños el domingo pasado dejó todos los platos sucios en la cocina.
> — Pues, yo los habría lavado antes de irme.

1. no darle de comer / el perro

2. perder / las llaves de la casa

3. mirar / la televisión toda la noche

4. escuchar / música muy fuerte

5. no leer / cuentos infantiles

6. no jugar / los niños

7. cobrar / demasiado

8. no acostar / los niños

Lección 10 Más práctica Activities | **29**

Más práctica Activities

10.3 The past perfect subjunctive

1 **Completar** Ignacio y Teresa acaban de volver del museo. Completa su conversación con el pluscuamperfecto del subjuntivo.

IGNACIO Nunca me habría imaginado que Picasso (1) _____ (pintar) algo tan impresionista.

TERESA Esa obra no la hizo Picasso, Juan. Si (2) _____ (fijarse) con más cuidado, te habrías dado cuenta de que la pintó Monet.

IGNACIO Pues, también me sorprendió que Velázquez (3) _____ (hacer) algo tan contemporáneo.

TERESA Te equivocas de nuevo, Juan. Si (4) _____ (escuchar) con atención al guía del museo, habrías aprendido un poco más sobre el arte.

IGNACIO Y si tú (5) _____ (prestar) atención (*pay attention*) cuando ayer te dije que odio los museos, no estaríamos teniendo esta discusión.

TERESA ¡Si no te escuché, me lo (6) _____ (decir) otra vez! Ya sabes que soy muy distraída.

2 **Preocupados** Termina las oraciones de forma lógica. Utiliza el pluscuamperfecto del subjuntivo.

1. El escultor tenía miedo de que sus esculturas _____.

2. A la novelista le molestó que los críticos _____.

3. El escritor no estaba seguro de que su obra _____.

4. El ensayista dudaba que el manuscrito _____.

5. La poeta temía que el público _____.

3 **En otro ambiente** ¿Qué habría pasado si en vez de asistir a esta escuela hubieras escogido otra? ¿Qué cosas habrían sido diferentes? En parejas, háganse preguntas sobre este tema. Después compartan sus ideas con la clase. Utilicen el pluscuamperfecto del subjuntivo y el condicional perfecto.

> **modelo**
> —¿Qué habría sido distinto si no hubieras estudiado aquí?
> —Si hubiera escogido otra escuela, no habría conocido a mi mejor amigo y no me habría divertido tanto...

¡Bienvenida, Mariela!

Lección 1

Antes de ver el video

1 **¿Qué están diciendo?** En la primera lección, los empleados de la revista *Facetas* conocen a Mariela, una nueva compañera de trabajo. Observa esta imagen y haz predicciones sobre lo que está ocurriendo.

_____

_____

_____

_____

_____

_____

Mientras ves el video

2 **Completar** Completa las conversaciones con lo que escuchas en el video.

1. **JOHNNY** En estos momentos _____ en el _____.

   DIANA ¡No! Di que _____ _____ con un cliente.

2. **JOHNNY** Jefe, _____ un mensaje de Mariela Burgos.

   AGUAYO _____ a reunirse con nosotros.

3. **JOHNNY** Perfecto. Soy el _____ Juan Medina.

   ÉRIC _____ a *Facetas*, señor Medina.

4. **AGUAYO** Hay que ser _____ al contestar el teléfono.

   DIANA Es una _____.

5. **DIANA** Me han hablado tanto de ti, que estoy _____ por conocer tu propia versión.

   MARIELA Estudio en la UNAM y _____ de una familia grande.

6. **FABIOLA** ¿Qué te _____?

   ÉRIC Creo que es bella, _____ e inteligente.

3 **¿Quién hace esto?** Escribe el nombre del personaje (o de los personajes) que hace(n) cada una de estas acciones.

1. Ordena una pizza. _____

2. Le presenta el equipo de empleados a Mariela. _____

3. Contesta el teléfono. _____

4. Da su opinión sobre Mariela. _____

5. Hacen una demostración de cómo recibir a un cliente. _____

Video Activities

Después de ver el video

4 **Corregir** Estas oraciones son falsas. Reescríbelas con la información correcta.

1. Diana les da a sus compañeros copias de la revista *Facetas*.
   _____

2. Aguayo les explica a sus empleados cómo contestar una carta.
   _____

3. Mariela ordena una pizza porque tiene hambre.
   _____

4. Mariela viene de una familia pequeña de sólo dos hijos.
   _____

5. Al final, Fabiola y Johnny hablan de comida.
   _____

5 **En tu opinión** Contesta estas preguntas.

1. ¿Crees que Johnny y Éric deben cambiar sus actitudes en el trabajo? Explica.
   _____
   _____

2. ¿Qué empleado/a de la oficina es más serio/a? ¿Quién es el/la más divertido/a? ¿Por qué?
   _____
   _____

3. ¿Cuál de los personajes tiene el trabajo más interesante? ¿Por qué?
   _____
   _____

4. ¿Cómo es la relación de los empleados con Aguayo? Explica tu respuesta.
   _____
   _____

5. Mariela tiene una familia muy grande. ¿Y tú? ¿Cómo es tu familia?
   _____
   _____

6 **Escribir** Hay seis personajes principales en el video. Elige a dos de ellos y luego escribe una descripción que incluya características físicas, de la personalidad y tu impresión personal de cada uno. Escribe al menos tres oraciones sobre cada uno.

_____
_____
_____
_____
_____
_____
_____
_____

¡Tengo los boletos!

Lección 2

Antes de ver el video

1 **¿Qué boletos?** Mariela tiene unos boletos (*tickets*) en la mano. ¿Para qué evento crees que serán? ¿Invitará a alguna persona de la oficina? Imagina una conversación entre Mariela, Aguayo y Fabiola.

_____
_____
_____
_____
_____
_____
_____

Mientras ves el video

2 **¡Es viernes!** Escucha con atención la conversación entre Johnny y Éric e indica cuáles de estas palabras o verbos se mencionan.

_____ 1. el cine   _____ 5. divertirse
_____ 2. el concierto   _____ 6. el fútbol
_____ 3. la fiesta   _____ 7. la discoteca
_____ 4. el teatro   _____ 8. aburrirse

3 **Completar** Escucha con atención esta conversación entre Éric y Diana. Luego, completa las oraciones.

ÉRIC Diana, ¿te puedo (1) _____ un (2) _____?

DIANA Estoy algo (3) _____.

ÉRIC Es que se lo (4) _____ que contar a una (5) _____.

DIANA Hay dos (6) _____ más en la oficina.

ÉRIC Temo que se rían (7) _____ se lo cuente.

DIANA ¡Es un (8) _____!

ÉRIC Temo que se rían de (9) _____ y no del (10) _____.

DIANA ¿Qué te hace (11) _____ que yo me voy a (12) _____ del chiste y no de ti?

ÉRIC No sé, ¿tú eres una (13) _____ seria?

DIANA ¿Y por qué se lo tienes que (14) _____ a una (15) _____?

ÉRIC Es un (16) _____ para conquistarlas.

Lección 2 Fotonovela Video Activities   **33**

Video Activities

Después de ver el video

4 **¿Por qué?** Contesta estas preguntas sobre el estado de ánimo de los personajes.

1. ¿Por qué Éric está tan triste y deprimido?

_____

2. ¿Qué consejo le da Johnny a Éric para enamorar a una mujer?

_____

3. ¿Por qué Mariela está tan entusiasmada y feliz?

_____

4. ¿Por qué se ríe tanto Diana?

_____

5 **¿Qué dicen exactamente?** Las siguientes oraciones son incorrectas. Léelas con atención y luego reescríbelas con la información correcta.

1. Éric está con cara triste porque está enfermo.

_____

2. ¡Anímate! Es mitad de mes.

_____

3. Necesitas aburrirte.

_____

4. Tienes que contarles mentiras.

_____

5. *Conexión.* Aquí tengo el disco compacto. ¿Lo quieren ver?

_____

6. Deséenme buen viaje.

_____

7. ¿Alguien tiene café?

_____

8. ¿Lo hiciste tú o sólo lo estás bebiendo?

_____

6 **Piropos o chistes** Johnny le dice a Éric que, para atraer a las chicas, hay que contarles chistes. Otra estrategia para conquistarlas es decirles piropos (*compliments*) graciosos. Escribe un chiste o un piropo que tú le dirías a una persona para conquistarla.

_____

_____

_____

_____

_____

_____

_____

¿Alguien desea ayudar?   Lección 3

Antes de ver el video

1 **¡Estoy a dieta!** Diana regresa del almuerzo con unos dulces. ¿Sobre qué crees que están hablando Diana, Aguayo y Mariela? Inventa una pequeña conversación entre ellos.

_____
_____
_____
_____
_____
_____
_____

Mientras ves el video

2 **¿Cierto o falso?** Escucha con atención la primera parte del video e indica si las siguientes oraciones son **ciertas** o **falsas**.

Cierto   Falso

❑   ❑   1. Diana odia los fines de semana.

❑   ❑   2. Fabiola y Diana siempre discuten los lunes.

❑   ❑   3. Los hijos de Diana la ayudan con las tareas del hogar.

❑   ❑   4. Fabiola va de compras con la hija mayor de Diana.

❑   ❑   5. Diana no supervisa los gastos de sus hijos.

❑   ❑   6. La suegra de Diana perdió la tarjeta de crédito.

3 **Completar** Escucha lo que dicen Aguayo y sus empleados. Luego completa las oraciones.

almorcé	comí	limpieza
almuerzo	enfermo	llegué
aspiradora	esfuerzo	quieres
ayudarte	estuviste	traje

1. El señor de la _____ dejó un recado (mensaje) diciendo que está _____.

2. Voy a pasar la _____ a la hora del _____.

3. Les _____ unos dulces para premiar su _____.

4. Qué pena que no _____ a tiempo para _____.

5. Lo mismo digo yo. Y eso que _____ tan de prisa que no comí postre.

6. Tienes lo que _____ y yo también. Por cierto, ¿no _____ en el dentista?

Lección 3 Fotonovela Video Activities   **35**

Después de ver el video

4   **Excusas** Aguayo pide ayuda a sus empleados para limpiar la oficina, pero todos tienen una excusa. Completa las siguientes oraciones, escribiendo cuál es la excusa de cada personaje.

1. Fabiola no puede ayudar porque _____.

2. Diana no puede ayudar porque _____.

3. Éric no puede ayudar porque _____.

4. Johnny no puede ayudar porque _____.

5   **¡Qué buena es Mariela!** Mariela es la única que ayuda a Aguayo a limpiar la oficina. Escribe todas las tareas que hacen entre los dos. Luego, inventa otras tareas que podrían haber hecho.

_____

_____

_____

_____

6   **Limpiar y desinfectar** Escribe un párrafo de al menos diez líneas indicando qué tareas hiciste la última vez que limpiaste y ordenaste tu casa. Puedes usar los verbos de la lista.

barrer	ordenar
lavar	quitar el polvo
limpiar	

_____

_____

_____

_____

_____

_____

_____

_____

_____

_____

_____

_____

_____

Video Activities

¿Dulces? No, gracias.

Lección 4

Antes de ver el video

1 **¡Adiós, dulcísimos!** A Johnny le encantan los dulces, pero ha decidido mejorar su alimentación y, por eso, parece que Johnny se está despidiendo de los dulces. ¿Qué crees que está diciendo? Imagina un monólogo.

_____
_____
_____
_____
_____
_____

Mientras ves el video

2 **Completar** Escucha con atención la escena en la sala de reuniones y completa la conversación entre Aguayo, Diana, Éric y Mariela.

AGUAYO Quiero que (1) _____ unos cambios a estos (2) _____.

DIANA (3) _____ que son buenos y (4) _____, pero tienen dos problemas.

ÉRIC Sí. Los (5) _____ son buenos no son originales, y los que son originales no son (6) _____.

AGUAYO ¿Qué (7) _____?

AGUAYO ¿(8) _____ la voz?

DIANA (9) _____ a Dios… Por un momento (10) _____ que me había quedado (11) _____.

AGUAYO Pero estás (12) _____, deberías estar en (13) _____.

ÉRIC Sí, (14) _____ haber llamado para (15) _____ que no (16) _____.

3 **¿Cuándo pasó?** Ordena correctamente las oraciones del uno al cinco.

_____ a. Fabiola y Johnny hablan en la cocina.

_____ b. Mariela no puede contestar el teléfono de Aguayo.

_____ c. Johnny llega a la oficina muy temprano.

_____ d. Johnny come la Chocobomba.

_____ e. Don Miguel come un dulce.

Después de ver el video

4 **Oraciones falsas** Estas oraciones son falsas. Reescríbelas con la información correcta.

1. **Johnny:** Madrugué para ir al acuario.

   _____

2. **Diana:** A veces me dan ganas de comer, y entonces hago ejercicio hasta que se me pasan las ganas.

   _____

3. **Fabiola:** Yo, por ejemplo, no como mucho; pero trato de descansar y hacer poco ejercicio.

   _____

4. **Johnny:** Comida bien grasienta (*greasy*) y alta en calorías. Juré que jamás volvería a probar las verduras.

   _____

5. **Johnny:** Si no puedes comer bien, disfruta comiendo mal. No soy feliz.

   _____

5 **¿Estás de acuerdo con ellos?** Explica qué hacen estos tres personajes, o qué piensan que deben hacer, para mantenerse sanos, en forma y felices. Luego, explica si estás de acuerdo o no con cada uno de ellos y por qué.

_____
_____
_____
_____

_____
_____
_____
_____

_____
_____
_____
_____

6 **¿Adictos a la vida sana?** ¿Cómo es un(a) estudiante típico/a de tu escuela? ¿Lleva una dieta sana o come comidas rápidas? ¿Hace ejercicio o prefiere descansar "hasta que se le pasen las ganas" como Diana? ¿Y tú? ¿Eres o no adicto/a a la vida sana?

_____
_____
_____
_____

¡Buen viaje!

Lección 5

Antes de ver el video

1 **En la selva** En este episodio Éric y Fabiola hablan de su viaje a Venezuela. Mira la fotografía y describe qué crees que están haciendo Éric y Johnny.

_____
_____
_____
_____
_____
_____
_____

Mientras ves el video

2 **Seleccionar** Escucha atentamente el video y marca todas las palabras y frases que **NO** se usan en este episodio.

____ 1. alojamiento   ____ 6. ecoturismo   ____ 11. inseguridad   ____ 16. árboles

____ 2. arriesgado   ____ 7. enfrentar   ____ 12. peligro   ____ 17. selva

____ 3. artículo   ____ 8. enojado   ____ 13. quejarse   ____ 18. tomando fotos

____ 4. cobardes   ____ 9. explorando   ____ 14. rayas   ____ 19. turístico

____ 5. protegido   ____ 10. guía fotográfico ____ 15. rayos   ____ 20. valiente

3 **Ordenar** Escucha con atención las primeras escenas del video y ordena las oraciones del uno al seis.

_____ a. El autobús del hotel nos va a recoger a las 8:30.

_____ b. ¿Y ese último número para qué es?

_____ c. Tenemos que salir por la puerta 12.

_____ d. Es necesario que memoricen esto.

_____ e. Es lo que van a tener que pagar por llegar en taxi al hotel si olvidan los dos números primeros.

_____ f. Cuarenta y ocho dólares con cincuenta centavos.

4 **¿Quién lo dice?** Presta atención a la conversación entre Aguayo, Éric, Diana, Johnny y Mariela al final del episodio, y escribe el nombre del personaje que dice cada oración.

_____ 1. Pero te puede traer problemas reales.

_____ 2. Es necesario que dejes algunas cosas.

_____ 3. Todo lo que llevo es de primerísima necesidad.

_____ 4. Debe ser emocionante conocer nuevas culturas.

_____ 5. Espero que disfruten en Venezuela y que traigan el mejor reportaje que puedan.

Lección 5 Fotonovela Video Activities   **39**

Video Activities

Después de ver el video

5 **¿Lo sabes?** Contesta estas preguntas.

1. ¿Por qué van Éric y Fabiola a Venezuela?

   _____

2. ¿Qué les da Diana a Fabiola y a Éric?

   _____

3. ¿Qué tiene Fabiola que Éric quiere ver?

   _____

4. ¿Qué deben memorizar Éric y Fabiola?

   _____

5. ¿Por qué Éric se viste de explorador?

   _____

6. ¿Qué consejo les da Johnny a Éric y a Fabiola?

   _____

   _____

6 **¡Tu mejor amigo se va de viaje!** Tu mejor amigo/a está preparando un viaje de un mes a un país remoto y exótico del cual no sabe nada. Lee las inquietudes (*concerns*) de tu amigo/a y completa las oraciones para darle consejos sobre el tipo de cosas que necesita.

Inquietudes de tu amigo/a	Consejos
No conoce el idioma.	1. Busca una persona que _____. 2. Lleva un diccionario de bolsillo (*pocket*) que _____.
No conoce las costumbres.	3. Antes de ir, lee una guía que _____.
Hace frío y llueve mucho.	4. Lleva ropa y zapatos que _____.
La altitud lo/la hace sentir muy cansado/a.	5. Planea excursiones que _____. 6. Come comida que _____.

7 **La aventura ha comenzado** Imagina que eres Éric y estás en Venezuela tomando fotos para el reportaje de ecoturismo. Cuenta en tu diario lo que hiciste, lo que viste y lo que pensaste en un día cualquiera de tu viaje.

_____

_____

_____

_____

_____

_____

_____

_____

_____

Cuidando a Bambi

Lección 6

Antes de ver el video

1 **¡Uy, qué miedo!** Parece que algo extraño está pasando hoy en la oficina. Describe lo que ves en esta imagen y explica qué crees que está pasando.

_____

_____

_____

_____

_____

_____

_____

Mientras ves el video

2 **¿Cierto o falso?** Indica si estas oraciones son **ciertas** o **falsas**.

Cierto	Falso	
❏	❏	1. A Fabiola le encantan las arañas.
❏	❏	2. Mariela cree que la radiación podría exterminar las cucarachas.
❏	❏	3. El café que hace Aguayo es especialmente malo.
❏	❏	4. Aguayo va de vacaciones a un lugar donde hay mar.
❏	❏	5. Mariela va a cuidar el pez de Aguayo.
❏	❏	6. A Aguayo le encanta explorar y disfrutar de la naturaleza.
❏	❏	7. A Fabiola le fascina la comida enlatada.
❏	❏	8. Aguayo colecciona fotos de animales en peligro de extinción.

3 **Bambi** Escucha con atención esta escena sobre Bambi y completa la conversación entre Diana, Fabiola y Mariela.

FABIOLA   Nos quedaremos (1) _____ a Bambi.

DIANA   Ay, no sé ustedes, pero yo lo veo muy (2) _____.

FABIOLA   Claro, su (3) _____ lo abandonó para irse a dormir con las

(4) _____.

MARIELA   ¿Por qué no le (5) _____ de comer?

DIANA   Ya le he (6) _____ tres veces.

MARIELA   Ya sé, podríamos darle el (7) _____.

Después de ver el video

4 **¿Qué es lo correcto?** Selecciona la respuesta correcta para cada pregunta.

1. ¿Qué extraña Johnny? _____
   a. las islas del Caribe
   b. las playas del Caribe
   c. los peces del Caribe

2. ¿Qué está haciendo Éric? _____
   a. fotografiando islas
   b. catalogando fotos de islas
   c. soñando con el Caribe

3. ¿Cuántas fotos de las playas del Caribe ha visto Éric? _____
   a. trescientas
   b. doscientas
   c. cuatrocientas

4. ¿Quién es Bambi? _____
   a. el venadito de Mariela
   b. el pez de Aguayo
   c. un perrito con cara de pez

5. ¿Qué nombre sugiere Fabiola para el pez? _____
   a. Bambi
   b. Bimba
   c. Flipper

5 **¿Qué sabes sobre Bambi?** Contesta estas preguntas.

1. ¿Cuántas veces al día puede comer Bambi?

2. ¿Qué encontró Fabiola en el escritorio de Johnny?

3. ¿Por qué quiere Mariela darle la ballenita a Bambi?

4. ¿Qué hace Mariela para alegrar a Bambi? ¿Por qué?

5. ¿Quién está celoso (*jealous*) de Bambi? ¿Por qué?

6 **De campamento** Imagina que eres Aguayo y estás de campamento con tu familia. Escribe una entrada de diario explicando qué hicieron y qué vieron.

7 **Opiniones y preferencias** Contesta las preguntas explicando tu respuesta.

1. ¿Te dan miedo las arañas? ¿Qué haces tú cuando ves una araña? ¿Por qué?

2. ¿Qué tipo de alojamiento prefieres cuando sales de vacaciones? ¿Prefieres quedarte en un hotel o acampar? ¿Por qué?

| El poder de la tecnología | **Lección 7** |

Antes de ver el video

1 **Sobredosis de euforia** Mira la imagen y describe lo que ves. ¿Qué crees que está pasando? Tal vez el título de esta lección puede darte una pista (*clue*).

_____

_____

_____

_____

_____

_____

Mientras ves el video

2 **Seleccionar** Escucha con atención la primera escena del video y selecciona todas las palabras de la lista que escuches.

_____ 1. agujerito   _____ 6. grandota   _____ 11. pantalla líquida

_____ 2. capacidad   _____ 7. herramienta   _____ 12. satélite

_____ 3. conexión   _____ 8. imagen digital   _____ 13. sobredosis

_____ 4. control remoto   _____ 9. instalación   _____ 14. sonido indefinido

_____ 5. firmita   _____ 10. Internet   _____ 15. transbordador espacial

3 **¿Cierto o falso?** Mira la segunda escena del video e indica si las afirmaciones son **ciertas** o **falsas**.

Cierto Falso

❑ ❑ 1. Johnny está en el suelo desmayado.

❑ ❑ 2. Diana llama a una ambulancia.

❑ ❑ 3. Según Fabiola, Johnny sufrió una sobredosis de euforia.

❑ ❑ 4. El hombre que entrega la pantalla está acostumbrado a ver personas que se desmayan.

❑ ❑ 5. Aguayo intenta reanimar (*revive*) a Johnny con sal.

4 **Completar y nombrar** Escucha con atención las escenas del video y completa las preguntas. Luego, escribe el nombre del personaje que hace cada pregunta.

_____ 1. ¿Sabían que en el _____ espacial de la NASA tienen este tipo de _____?

_____ 2. ¿Dónde _____ a instalarla?

_____ 3. ¿Qué? ¿No _____ una _____?

_____ 4. ¿Estás _____ de que _____ lo que haces?

_____ 5. ¿Adónde se _____ la luz cuando se _____?

Lección 7 Fotonovela Video Activities   **43**

Video Activities

Después de ver el video

5 **El poder de la tecnología** Contesta estas preguntas sobre el episodio.

1. ¿Cómo se siente Johnny cuando ve a los dos hombres que traen una caja enorme? ¿Por qué?
   _____

2. ¿Qué características tiene la pantalla líquida que recibe *Facetas*?
   _____

3. ¿Por qué crees que se desmaya Johnny?
   _____

4. Según Mariela, ¿cuál es la causa del desmayo de Johnny?
   _____

5. ¿Para qué le da Éric sal a Aguayo?
   _____

6. ¿Cómo reanima (*revive*) Diana a Johnny?
   _____

7. ¿Quién se ofrece de voluntario para instalar la pantalla? ¿Quién lo ayuda?
   _____

8. ¿Qué pasa cuando Johnny empieza a taladrar en la pared?
   _____

9. ¿Qué usa Aguayo para llamar a su esposa? ¿Por qué?
   _____

10. ¿Cuál piensas que fue la reacción de sus compañeros cuando Mariela dijo: "Adónde se va la luz cuando se va"?
   _____
   _____

6 **¿Qué opinas?** Comenta la observación de Diana: "Nada ha cambiado desde los inicios de la humanidad". ¿Por qué crees que lo dice? ¿Estás de acuerdo con ella? Explica con ejemplos.

_____
_____
_____
_____

7 **¿Vida sin tecnología?** Haz una lista de los aparatos electrónicos que usas cada día. ¿Te imaginas la vida sin ellos? ¿Cuáles son indispensables para ti? ¿Cómo contribuyen estos aparatos a hacer tu vida más fácil y/o más divertida? Contesta las preguntas y explica con ejemplos. Escribe al menos cinco oraciones.

_____
_____
_____
_____
_____
_____
_____

Nombre _____ Fecha _____

Necesito un aumento

Lección 8

Antes de ver el video

1 **Un aumento de sueldo** Fabiola le pedirá a Aguayo un aumento de sueldo. ¿Crees que Fabiola tendrá éxito? Imagina que está ensayando (*practicing*) con sus colegas lo que va a decirle a Aguayo. Escribe la conversación entre Fabiola y sus compañeros.

_____

_____

_____

_____

_____

_____

_____

Mientras ves el video

2 **Completar** Aguayo y los empleados de *Facetas* recuerdan el primer día de Fabiola y Johnny. Presta atención a estos dos segmentos y completa las oraciones.

1. Mi padre es _____ y no es _____.
2. Por un momento _____ que me había _____ de ti.
3. Se supone que _____ aquí hace media hora y sin embargo, _____ tarde.
4. Aquí se _____ a las nueve.
5. En mi _____ anterior _____ a las cuatro de la mañana y jamás _____ tarde.

3 **¿Quién lo dice?** Diana habla con Fabiola y Éric del regalo que quieren hacerle a Aguayo. Escucha con atención esta parte de la conversación y escribe el nombre del personaje que dice cada oración.

Personaje

1. Chicos, he estado pensando en hacerle un regalo de aniversario a Aguayo. _____

2. Siento no poder ayudarte, pero estoy en crisis económica. _____

3. Por lo menos ayúdenme a escoger el regalo. _____

4. Debe ser algo importado. Algo pequeño, fino y divertido. _____

5. ¿Qué tal un pececito de colores? _____

4 **Ordenar** Ordena las acciones del uno al cinco.

_____ a. Fabiola habla con Aguayo en su oficina.

_____ b. Aguayo recuerda cuando Fabiola llegó a la oficina para una entrevista.

_____ c. Mariela le da un billete a Éric.

_____ d. Diana recuerda el primer día que Johnny trabajó en la oficina.

_____ e. Aguayo brinda por el éxito de la revista y por quienes trabajan duro.

Video Activities

Lección 8 Fotonovela Video Activities

Después de ver el video

5 **¿Sabes la respuesta?** Contesta las preguntas dando tantos detalles como puedas.

1. ¿Qué celebra la revista *Facetas*?

   _____

2. ¿Por qué pensó Éric que Fabiola era millonaria?

   _____

3. ¿A qué hora entraba Johnny a su antiguo trabajo?

   _____

4. ¿Qué le apostó Mariela a Éric? ¿Quién ganó la apuesta?

   _____

5. ¿Por qué Fabiola no puede ayudar a comprar un regalo para Aguayo?

   _____

6. ¿Por qué cree Fabiola que merece un aumento de sueldo?

   _____

7. ¿Qué compañías dice Fabiola que están detrás de ella?

   _____

6 **Un aumento de sueldo** Has trabajado duro durante dos años en la misma empresa y crees que mereces un aumento de sueldo. Escribe una conversación entre tu jefe y tú.

   _____

   _____

   _____

   _____

   _____

   _____

   _____

   _____

7 **¡Cuántos recuerdos!** En este episodio, algunos de los empleados de *Facetas* recuerdan su primer día de trabajo en la revista. ¿Recuerdas tú tu primer día en la escuela secundaria? ¿Cómo te sentías? ¿Qué hiciste? ¿A quién conociste? Usa estas preguntas como guía para contar lo que ocurrió ese día. Escribe por lo menos seis oraciones.

   _____

   _____

   _____

   _____

   _____

   _____

   _____

   _____

¡O estás con ella o estás conmigo! **Lección 9**

Antes de ver el video

1 **¿Qué tal te fue?** Fabiola regresa de una entrevista con Patricia Montero, la gran actriz de telenovelas. Lee el título de este episodio y observa la imagen. ¿Qué crees que van a hacer Johnny y Aguayo? ¿Quién dice "o estás con ella o estás conmigo"? ¿Por qué? Escribe cuatro predicciones sobre los eventos que ocurrirán en este episodio.

_____

_____

_____

_____

_____

_____

_____

Mientras ves el video

2 **¿Quién lo dice?** Escucha con atención la segunda escena del video y escribe el nombre del personaje que dice cada oración.

_____ 1. Y al terminar la entrevista, cuando salí del camerino, un señor se me acercó y me preguntó si yo era la doble de Patricia Montero.

_____ 2. ¿Y qué le dijiste?

_____ 3. Dije, bueno… Sí.

_____ 4. No puedo creer que hayas hecho eso.

_____ 5. No tuve opción. Fue una de esas situaciones en las que uno aunque realmente, realmente no quiera, tiene que mentir.

_____ 6. ¿Y qué pasó después?

_____ 7. Me dio estos papeles.

_____ 8. ¡Es el guión de la telenovela!

3 **Completar el final** Escucha con atención el segmento del video en el que Fabiola ensaya su escena. Escribe la letra del final correcto de cada oración en el espacio que está al final de la primera columna. Luego completa los espacios en la segunda columna con la información que escuches.

Principio	Final
1. Página tres. La escena en donde _____	a. _____. ¡O estás con ella o estás conmigo!
2. ¡Fernando Javier! Tendrás que _____	b. _____. Espero que se hayan divertido a mis espaldas.
3. Ni la amo a ella, ni te amo _____	c. Valeria _____ a Fernando con Carla.
4. Sé que decidieron _____	d. _____. Las amo a las dos.

Después de ver el video

4 **Ordenar** Ordena los sucesos del video del uno al seis.

_____ a. Aguayo y Johnny interrogan a Fabiola con mucho interés.

_____ b. Fabiola entra a la oficina con un casco de ciclista (*bike helmet*), unas coderas (*elbow pads*) y unas rodilleras (*knee pads*).

_____ c. Aguayo empieza a leer emocionado una escena del guión.

_____ d. Fabiola, Johnny y Mariela ensayan las escenas de la telenovela en la oficina.

_____ e. Fabiola llega a la oficina después de una entrevista.

_____ f. Diana llega a la oficina con unos paquetes en la mano y se le caen.

5 **¿Por qué?** Contesta las preguntas con oraciones completas.

1. ¿Por qué crees que Aguayo deja que Fabiola ensaye sus escenas en la oficina?

_____

2. Aguayo le dice a Fabiola: "Me alegro que hayas conseguido ese papel en la telenovela. El otro día pasé frente al televisor y vi un pedacito, sólo treinta segundos. Mi esposa no se la pierde". ¿Por qué crees que Aguayo enfatiza "sólo treinta segundos" y luego añade "Mi esposa no se la pierde"?

_____

_____

3. ¿Por qué se le caen los paquetes a Diana cuando llega a la oficina?

_____

6 **Información y comunicación** Contesta estas preguntas y explica tus respuestas.

1. ¿Te gustan las telenovelas en español? ¿Sigues alguna telenovela en particular?

_____

_____

2. ¿A través de qué medio(s) de comunicación te gusta seguir la actualidad? ¿Por qué?

_____

_____

3. ¿Qué papel tiene Internet en las comunicaciones y en la cultura popular?

_____

_____

7 **Las telenovelas** Basándote en lo que sabes sobre las telenovelas y las escenas de Fabiola en este episodio, ¿cuáles son algunos elementos y situaciones típicos de las telenovelas? ¿Por qué crees que las telenovelas son tan populares? En tu opinión, ¿a qué tipo de personas les interesan las telenovelas? ¿A ti te gustan? ¿Por qué? Escribe por lo menos seis oraciones para responder a estas preguntas.

_____

_____

_____

_____

_____

_____

_____

Video Activities

Unas pinturas... radicales

Lección 10

Antes de ver el video

1 **¡Es arte!** Lee el título de este episodio y observa la imagen para responder estas preguntas: ¿Qué significa la frase "pinturas radicales"? ¿Cuál sería la expresión opuesta? ¿Qué están haciendo Mariela, Éric y Johnny? ¿Notas diferencias y/o similitudes en sus expresiones faciales? ¿Por qué?

_____

_____

_____

_____

_____

_____

_____

Mientras ves el video

2 **Completar** Johnny, Éric y Mariela fingen que están en una galería de arte. Escucha con atención esta escena del video y completa la conversación.

JOHNNY Me imagino que habrán (1) _____ toda la (2) _____. ¿Qué les parece?

ÉRIC Habría (3) _____ ir al cine. Estas (4) _____ son una porquería.

JOHNNY No puedes decir eso en una exposición. Si las obras no te gustan, puedes decir algo más (5) _____ como que son (6) _____ o radicales.

MARIELA Si (7) _____ pensado que son (8) _____ o que son radicales lo habría dicho. Pero son horribles.

JOHNNY Mariela, horrible (9) _____ no se (10) _____.

3 **¿Quién lo dijo?** Escribe el nombre del personaje que hizo cada uno de estos comentarios.

_____ 1. Es lo que la gente hace con el arte. Sea modernismo, surrealismo o cubismo, si es feo es feo.

_____ 2. Habría preferido ir al cine.

_____ 3. Es como el verso de un poema.

_____ 4. Voy a hablar con el artista para que le haga los cambios.

_____ 5. Podrías llegar a ser un gran vendedor de arte.

Video Activities

Después de ver el video

4 **Oraciones falsas** Todas estas oraciones son falsas. Reescríbelas corrigiendo la información incorrecta.

1. Johnny lleva a la oficina unas esculturas para venderlas.

   _____

2. Mariela, Éric y Johnny fingen que están criticando las obras de arte en un museo.

   _____

3. Éric cree que en las galerías de arte debería haber más bebidas.

   _____

4. Diana cree que las pinturas de Johnny son impresionantes.

   _____

5. Fabiola quiere comprar las tres pinturas que Johnny tiene.

   _____

6. Johnny imagina que está dirigiendo una orquesta filarmónica en la oficina.

   _____

7. Fabiola cree que la Mona Lisa debería tener el pelo de color amarillo.

   _____

8. En vez de pagar la apuesta, Mariela prefiere invitar a Éric a cenar.

   _____

5 **¿Qué opinas?** ¿Qué piensas tú de la pintura que compra Fabiola? ¿Y de la *Mona Lisa*? Basándote en tus conocimientos de arte y en lo que has aprendido en esta lección, escribe una breve crítica de arte para cada uno de estos cuadros.

1. _____   2. _____

   _____   _____

   _____   _____

   _____   _____

6 **En una subasta** Si pudieras comprar cualquier obra de arte que quisieras, ¿qué obra (o qué tipo de obra) comprarías? ¿Por qué? ¿Qué harías con la obra? Escribe al menos seis oraciones en respuesta a estas preguntas.

   _____

   _____

   _____

   _____

   _____

   _____

   _____

Lección 1
Las relaciones personales

1 Una carta muy especial Rosa, una psicóloga, tiene un programa de radio en el que da consejos sobre problemas sentimentales. Escucha mientras Rosa lee una carta de sus oyentes. Después, completa las oraciones con la opción correcta.

1. La persona que escribe la carta es _____.
   a. un chico joven   b. un señor mayor   c. una abuelita

2. Antonio está _____.
   a. ansioso   b. casado   c. viudo

3. Los amigos de Antonio _____.
   a. son geniales   b. no tienen experiencia en temas sentimentales   c. siempre tienen vergüenza

4. Antonio piensa que _____.
   a. su novia está agobiada por Juan Carlos   b. su novia coquetea con Juan Carlos   c. su novia odia a Juan Carlos

5. Antonio no quiere hablar con Juan Carlos sobre este problema porque _____.
   a. Juan Carlos es sensible   b. Antonio es tímido   c. Antonio es orgulloso

6. Antonio _____.
   a. no quiere discutir con su novia   b. quiere discutir con Juan Carlos   c. quiere discutir con sus amigos

2 Identificar Marta va a leer una breve descripción de Caro, su compañera de apartamento. Marca los adjetivos que escuches en su descripción.

_____ cariñosa   _____ madura
_____ falsa   _____ mentirosa
_____ graciosa   _____ orgullosa
_____ harta   _____ preocupada
_____ insensible   _____ tacaña
_____ insensata   _____ tranquila

3 No entiendo Vuelve a escuchar lo que dice Marta de Caro y contesta las preguntas con oraciones completas.

1. ¿Se llevan bien Marta y Caro?
   No, no se llevan bien.

2. ¿Por qué dice Marta que Caro es mentirosa?

3. ¿Cómo se siente Marta?

4. ¿Crees que el problema que tienen es pasajero (*fleeting*)? ¿Por qué?

estructura

1.1 The present tense

1 **La compañera de apartamento ideal** ¿Recuerdas a Marta y Caro, las compañeras de apartamento con personalidades opuestas? Caro ya no vive allí y Marta está buscando una nueva compañera de apartamento. Dos chicas han dejado mensajes en el contestador automático de Marta. Escucha sus mensajes y relaciona cada cualidad con la chica correspondiente.

CANDIDATAS	es tranquila	come en el campus	estudia mucho	es activa
Andrea				
Yolanda				

2 **Identificar** Contesta las preguntas según la información de los mensajes telefónicos que dejaron Andrea y Yolanda para Marta. Escucha otra vez los mensajes para recordar mejor los detalles.

1. ¿Qué deporte practica Andrea? _____

2. ¿Qué cree Andrea que deben hacer Marta y ella para conocerse? _____

_____

3. ¿Dónde almuerza normalmente Andrea? _____

4. ¿Qué tipo de compañera de apartamento busca Yolanda? _____

_____

5. En tu opinión, ¿con quién crees que Marta prefiere compartir el apartamento? Explica por qué.

_____

3 **Para conocernos mejor** Marta y Yolanda van a salir juntas el viernes por la tarde para conocerse mejor y determinar si deben ser compañeras de apartamento. Ahora están pensando qué van a hacer esa tarde. Escucha su conversación y después contesta las preguntas.

1. ¿Qué están leyendo Marta y Yolanda?

_____

2. ¿Qué quiere hacer Yolanda el viernes por la noche?

_____

3. ¿Tiene Yolanda mucho dinero?

_____

4. ¿Quién puede conseguir los boletos para el teatro?

_____

5. ¿Dónde van a cenar?

_____

6. ¿Qué va a hacer Marta la próxima vez?

_____

7. ¿Cómo se llevan Marta y Yolanda?

_____

Audio Activities

1.2 *Ser* and *estar*

1 **De vacaciones** Pedro y su novia Leticia están de vacaciones. Mira el dibujo y marca **cierto** o **falso** para cada oración que escuches. Si es falsa, corrígela y escribe la oración cierta con **ser** o **estar**.

	Cierto	Falso	
1.	❑	❑	_____
2.	❑	❑	_____
3.	❑	❑	_____
4.	❑	❑	_____
5.	❑	❑	_____
6.	❑	❑	_____

2 **Aprendiendo español** Andrés es un estudiante de español y no sabe cuándo debe usar **ser** y cuándo debe usar **estar**. Escucha a Andrés mientras lee las oraciones que ha escrito para su composición y escribe la forma correcta de los verbos.

1. _____   5. _____

2. _____   6. _____

3. _____   7. _____

4. _____   8. _____

3 **Andrés** Escucha esta información sobre Andrés e indica si las siguientes oraciones se completan con **ser** o **estar**. Marca el infinitivo apropiado y completa cada oración con la forma correcta del verbo que has marcado.

	Ser	Estar	
1.	☑	❑	_____Es_____ tímido.
2.	❑	❑	_____ en los EE.UU.
3.	❑	❑	_____ experimentando unos dolores de cabeza muy extraños.
4.	❑	❑	_____ las nueve de la mañana.
5.	❑	❑	_____ en la clase.
6.	❑	❑	_____ enojados.
7.	❑	❑	_____ inteligente.
8.	❑	❑	_____ muy lejos de allí ahora.

Audio Activities

Lección 1 Audio Activities   **53**

1.3 Progressive forms

1 **La ex novia de Jorge** Gonzalo y Jorge están descansando en su apartamento. Gonzalo está mirando por la ventana, cuando de repente ve a la ex novia de Jorge paseando por la calle. Escucha la conversación entre Gonzalo y Jorge, y después indica si estas oraciones son **ciertas** o **falsas**.

    Cierto **Falso**

1. ❑ ❑ Jorge siempre está descansando o durmiendo.
2. ❑ ❑ Gonzalo nunca mira por la ventana.
3. ❑ ❑ Jorge y Gonzalo tienen una personalidad muy diferente.
4. ❑ ❑ Jennifer López está paseando por la calle.
5. ❑ ❑ Susana y Jorge se llevan muy bien.
6. ❑ ❑ El chico argentino del tercer piso siempre se peleaba con Susana.

2 **¿Qué está pasando?** Vuelve a escuchar la conversación entre Gonzalo y Jorge y completa las oraciones según la información que escuchaste.

1. Mientras Jorge está en el sofá, Gonzalo _____ .
2. Gonzalo piensa que Jorge siempre _____ .
3. Gonzalo dice que Susana _____ .
4. Mientras habla con Jorge, Gonzalo _____ .
5. El chico argentino del tercer piso y Susana _____ .

3 **El final** Jorge decide encontrarse con Susana. Imagina un final para la historia y escribe tu propia versión. Llévala a clase para compartirla con tus compañeros. ¡Sé creativo!

_____
_____
_____
_____
_____
_____

_____
_____
_____
_____

Linking

Spanish often links words together based on the last
sound of one word and the first sound of the next one.
This tendency is why, when listening to native speakers,
it may seem difficult to determine where one word ends
and the next begins.

Vowel + same vowel

When one word ends with a vowel and the next word begins with the same vowel or same vowel sound, the
two identical vowels fuse and sound as a single vowel. Listen to the following examples and repeat them after
the speaker.

de entonces	**convertirse en**	**fue en**
llegada a	**para algunos**	**este examen**

Vowel + different vowel

When one word ends with a vowel and the next word begins with a different vowel or vowel sound, both
sounds are pronounced as if they were one single syllable. Listen to the following examples and repeat them
after the speaker.

puedo escribir	**como antes**	**políticamente incorrecto**
le impórta	**nombre artístico**	**estudiaba ingeniería**

Consonant + vowel

When one word ends with a consonant and the next word begins with a vowel or a vowel sound, it sounds as
though the consonant were actually occurring at the beginning of the following syllable. Listen to the following
examples and repeat them after the speaker.

el humor	**el último**	**grandes ojos**
un ejemplo	**las opiniones**	**al igual**

Audio Activities

vocabulario

Ahora escucharás el vocabulario que está al final de esta lección en tu libro de texto. Escucha con atención cada palabra o expresión y después repítela.

Audio Activities

contextos

Lección 2
Las diversiones

1 Planes de fin de semana Escucha lo que dicen Alicia y Pilar e indica en la tabla qué planes tiene cada una para el fin de semana.

	ir a un concierto de rock	jugar al tenis en un torneo	ir a bailar	descansar	salir con Ricardo
Alicia			✓		
Pilar					

2 Alicia y Pilar Ahora vuelve a escuchar los planes de Alicia y Pilar y contesta las preguntas con oraciones completas.

1. ¿En qué año de sus estudios está Alicia?

   Está en tercer año de medicina. _____

2. ¿Qué va a hacer Alicia el sábado por la noche?

   _____

3. ¿Qué va a hacer Alicia el domingo?

   _____

4. ¿Qué estudia Pilar Ramos?

   _____

5. ¿Cuándo va a participar Pilar en un torneo de tenis?

   _____

6. ¿Qué hace Pilar todos los sábados por la noche?

   _____

3 Una conversación telefónica Escucha la conversación telefónica entre Alicia y Pilar y determina si las oraciones son **ciertas** o **falsas**. Luego, corrige las falsas en el espacio indicado.

Cierto	Falso	
❑	❑	1. Alicia está de buen humor cuando contesta el teléfono.
❑	❑	2. Alicia reconoce la voz de la persona que llama por teléfono.
❑	❑	3. Pilar se acuerda del cumpleaños de Alicia.
❑	❑	4. El cumpleaños de Alicia es el sábado.
❑	❑	5. Pilar y Ricardo son novios.
❑	❑	6. Alicia no tiene mucho trabajo.

Audio Activities

estructura

2.1 Object pronouns

1   **Regalos de cumpleaños** Gonzalo está mirando los regalos de cumpleaños que Alicia va a recibir. Escucha las preguntas de Gonzalo y responde según las pistas (*clues*).

> **modelo**
>
> Tú escuchas: ¿Quién le va a regalar este disco?
> Tú lees: Julia
> Tú escribes: *Se lo va a regalar Julia.*

1. (Juan y Luis) _____
2. (Pilar) _____
3. (Jorge) _____
4. (Su hermana) _____
5. (Sus primas) _____
6. (Su vecino del primer piso) _____

2   **¿Quién te lo va a regalar?** Alicia se entera de lo que sus amigos le van a regalar y se lo dice a su amigo Roberto. Contesta estas preguntas de Roberto como si fueras Alicia.

> **modelo**
>
> Tú escuchas: ¿Quién te va a regalar un disco?
> Tú lees: Julia
> Tú escribes: *Me lo va a regalar Julia.*

1. (Juan y Luis) _____
2. (Pilar) _____
3. (Jorge) _____
4. (Mi hermana) _____
5. (Mis primas) _____
6. (Mi vecino del primer piso) _____

3   **La curiosidad de Jorge** Jorge está mirando las cosas que Alicia y su compañera tienen en su habitación. Escucha sus preguntas y explícale para qué usan cada cosa o por qué la tienen.

> **modelo**
>
> Tú escuchas: ¿Qué hace Alicia con estos auriculares (*headphones*)?
> Tú contestas: *Se los pone para escuchar música cuando trabaja.*

1. _____
2. _____
3. _____
4. _____
5. _____

Audio Activities

2.2 *Gustar* and similar verbs

1 **¡Qué aburrido!** Escucha una conversación entre Roberto y Rosa y contesta las preguntas.

1. ¿Qué le aburre a Roberto?
   Le aburren las fiestas de cumpleaños.

2. Según Rosa, ¿qué no le importa a Alicia?
   _____

3. ¿Cómo le cae Alicia a Roberto?
   _____

4. ¿Le gustan los conciertos a Roberto? ¿Por qué?
   _____

5. ¿Le gusta a Roberto ir al cine? ¿Cómo lo sabes?
   _____

2 **Adivina, adivinanza** Vas a escuchar seis descripciones de personas famosas. Indica el número de la descripción que corresponde a cada famoso.

_____ Shaquille O'Neal (jugador de baloncesto) _____ Christina Aguilera (cantante)

_____ Hillary Clinton (política) _____ Tiger Woods (golfista)

_____ Penélope Cruz (actriz) _____ Mick Jagger (cantante)

3 **Te toca a ti** Escucha las preguntas y contéstalas con oraciones completas.

aburrir	fascinar	molestar
caer mejor	interesar	preocupar
faltar		

1. _____
2. _____
3. _____
4. _____
5. _____
6. _____
7. _____
8. _____

Audio Activities

Lección 2 Audio Activities

2.3 Reflexive verbs

1 **¡Qué diferentes!** Vas a escuchar a Alicia hablar sobre sus dos amigos, Roberto y Jorge. Mira las ilustraciones y luego decide si lo que dice Alicia es **cierto** o **falso**.

Cierto Falso

1. ☑ ❏
2. ❏ ❏
3. ❏ ❏
4. ❏ ❏
5. ❏ ❏

Roberto

Jorge

2 **La rutina familiar** Tú recibiste una carta de Marta en la que cuenta la rutina diaria de su familia. Escucha un fragmento de la carta y empareja a las personas con sus actividades.

A	B
_____ 1. Andrés	a. Se levanta temprano para arreglarse.
_____ 2. Rosa	b. Se viste muy elegantemente.
_____ 3. Papá	c. Se olvida de quién es su familia.
_____ 4. Mamá	d. Se quita la ropa y se viste solo.
_____ 5. Alberto	e. Se ducha y se viste en quince minutos.
_____ 6. El abuelo	f. Se queja porque sólo hay un baño.

3 **Los fines de semana** Contesta las preguntas sobre tu rutina diaria durante los fines de semana con oraciones completas.

1. _____
2. _____
3. _____
4. _____
5. _____
6. _____

Audio Activities

Diéresis

As you already know, when the letter **g** is used before the vowels **e** or **i** it sounds like the letter **j**. When it is used before the vowels **a**, **o** and **u** it sounds like the **g** in **gato**.

Listen to the speaker and repeat each word.

gente	**gimnasio**	**pegamento**	**argolla**	**guajiro**

In order to maintain the sound of the **g**, as in **gato**, before the vowels **e** and **i**, you need to write a **u** between the **g** and the vowel. This **u** is never pronounced.

Listen to the speaker and repeat each word.

despegue	**guitarra**	**guerrero**	**aguinaldo**

In words like **pingüino** or **lingüística** the **u** is pronounced. To indicate this in writing, two dots called **diéresis** are added above the **u**.

Listen to the speaker read a few words with **diéresis**. Look at the spelling carefully and repeat each word.

bilingüe	**pingüino**	**cigüeña**	**lingüista**

The **diéresis** is also necessary when dealing with certain families of words, for example, when conjugating the verb **averiguar** or creating a diminutive from the noun **agua**. In cases like these, when the root word has a **g** pronounced like in **gato**, a **diéresis** is sometimes necessary to maintain the pronunciation of the **u**.

Listen to the speaker read pairs of words. Look at the spelling carefully and repeat each pair.

averiguar → averigüé
avergonzar → avergüenzas
agua → agüita
paraguas → paragüitas
antiguo → antigüedad

Audio Activities

vocabulario

Ahora escucharás el vocabulario que está al final de esta lección en tu libro de texto. Escucha con atención cada palabra o expresión y después repítela.

Audio Activities

Lección 3
La vida diaria

contextos

1 **Las tareas de Mateo** El esposo de Amparo perdió su trabajo y ahora va a ocuparse de la casa. Escucha las instrucciones que Amparo le da a Mateo y ordena sus tareas según la información que escuches.

_____ a. barrer las escaleras

___1___ b. apagar la cafetera después de desayunar

_____ c. recoger unos dulces en la tienda de la esquina

_____ d. pasar la aspiradora en los cuartos de los niños

_____ e. quitarles el polvo a los muebles del salón

_____ f. sacar la carne congelada (*frozen*) del refrigerador

_____ g. ir a comprar al supermercado antes de las tres

_____ h. elegir productos baratos en el supermercado

_____ i. cambiar el foco (*light bulb*) de la lámpara de la cocina

2 **¡Que no se me olvide!** Escucha una lista de las instrucciones que Amparo le da a Mateo en la **actividad 1** y haz la lista como si fueras Mateo. Sigue el modelo.

> **modelo**
> Tú escuchas: Debes sacar la carne.
> Tú escribes: *Debo sacar la carne.*

1. _____

2. _____

3. _____

4. _____

5. _____

6. _____

7. _____

8. _____

3 **Ocho horas después** Son las cinco de la tarde y Amparo ya ha regresado del trabajo. Escucha la conversación que tiene con Mateo y elige la opción más adecuada para completar las oraciones.

1. Cuando Amparo regresa del trabajo, Mateo _____.
   a. está hablando con la vecina   b. está mirando la telenovela   c. está limpiando las ventanas

2. Amparo piensa que la vecina _____.
   a. debe trabajar más   b. siempre va arreglada   c. está enamorada de Mateo

3. A Mateo _____.
   a. le cae bien su vecina   b. le cae mal su vecina   c. le molesta su vecina

4. ¿Qué piensa Mateo sobre los dulces? _____.
   a. Le encantan   b. Los odia   c. Piensa que necesitan azúcar

5. Amparo piensa que Mateo _____.
   a. es asombroso   b. es muy tranquilo   c. es muy nervioso

Audio Activities

estructura

3.1 The preterite

1 **Para eso están los amigos** A la semana siguiente, Mateo llamó a dos amigos para que lo ayudaran a limpiar la casa. Escucha lo que Mateo le cuenta a Amparo cuando ella regresa del trabajo, e indica en la tabla quién hizo cada tarea.

	poner la comida en el refrigerador	separar los ingredientes para la comida	ir al supermercado	hervir las papas y los huevos	traer productos de limpieza
Mateo					
Paco					
José Luis					

2 **Preguntas** Vuelve a escuchar lo que Mateo le cuenta a Amparo en la **actividad 1** y contesta las preguntas.

1. ¿Cuándo llamó Mateo a sus amigos?
   Los llamó esta mañana.

2. ¿Dónde conoció Amparo a los amigos de Mateo?
   _____

3. ¿Por qué llegaron tarde a la fiesta?
   _____

4. ¿Qué quiere explicarle Mateo a Amparo?
   _____

5. ¿Qué hizo Paco cuando llegó?
   _____

3 **¿Y tú?** ¿Recuerdas qué hiciste la última vez que tuviste todo el apartamento para ti solo/a (*to yourself*)? Contesta las preguntas que escuches, explicando con detalles qué hiciste en cada situación.

1. _____
2. _____
3. _____
4. _____
5. _____
6. _____
7. _____
8. _____

Audio Activities

3.2 The imperfect

1 **Cuando era soltero...** Mateo está pensando en cómo era su vida antes de conocer a Amparo. Escucha lo que dice y después contesta las preguntas.

1. ¿Qué hacía Mateo todas las noches?
   Salía con sus amigos.
   _____

2. ¿Limpiaba el apartamento a menudo?
   _____
   _____

3. ¿Cómo pagaba sus compras?
   _____
   _____

4. ¿Tenía dinero?
   _____
   _____

5. ¿Por qué lo pasaba fatal?
   _____
   _____

2 **El gran cambio de Amparo** Amparo, la esposa de Mateo, por fin se dio cuenta de que era un poco antipática con los demás, y decidió cambiar su actitud frente a la vida. Escucha lo que dice sobre las diferencias entre la Amparo de antes y la Amparo de ahora. Después, escribe cada acción en la columna correspondiente.

> **modelo**
> Tú escuchas: Antes me quejaba mucho, pero ahora no me molesta nada.
> Tú escribes: Antes   Ahora
>   Se quejaba.   No le molesta nada.

ANTES	AHORA
_____	_____
_____	_____
_____	_____
_____	_____
_____	_____

3 **¿Cómo eras tú antes?** A medida que nos hacemos mayores, nuestra personalidad va cambiando poco a poco. Piensa en cómo eras tú cuando estabas en la escuela primaria. ¿Tenías la misma personalidad que ahora? Contesta las preguntas en el espacio indicado.

1. _____
2. _____
3. _____
4. _____

Audio Activities

3.3 The preterite and the imperfect

1 **Un chico con suerte** Ricardo es un estudiante con poca experiencia que acaba de conseguir su primer trabajo. Escucha la conversación entre Ricardo y su novia Isabel sobre la entrevista e indica si las oraciones son **ciertas** o **falsas**.

Cierto   Falso

❏   ❏   1. Ricardo conoció a su nuevo jefe en la cafetería antes de la entrevista.

❏   ❏   2. El señor Álvarez suele entrevistar personalmente a los candidatos.

❏   ❏   3. El día de la entrevista la secretaria del señor Álvarez estaba de vacaciones.

❏   ❏   4. Cuando era niño el señor Álvarez vivió en Milán.

❏   ❏   5. La señora Álvarez habla francés porque vivió muchos años en París.

❏   ❏   6. La señora Álvarez estudió ingeniería.

❏   ❏   7. El señor Álvarez antes era agricultor, pero ahora trabaja en un banco.

❏   ❏   8. El señor y la señora Álvarez se mudaron hace poco a una casa nueva en el campo.

2 **Preparativos para la cena** Escucha lo que cuenta Isabel sobre la cena y completa la narración en pasado, utilizando los verbos de la lista en su forma correcta.

acostarse	enfadarse	hacer	limpiar	no hacer	poner	tener
comenzar	estar	lavar	mirar	ordenar	prestar	

Ayer Ricardo e Isabel 1) _____ una cena y 2) _____ la casa. Isabel
3) _____ el baño y Ricardo la cocina. Pero, mientras Isabel 4) _____ la
cena, Ricardo 5) _____ la televisión. Isabel 6) _____ muchísimo. Luego,
Ricardo 7) _____ la mesa, pero 8) _____ nada más. Afortunadamente,
la casa 9) _____ ordenada cuando llegaron los invitados. Cuando acabaron de cenar,
10) _____ a llover e Isabel les 11) _____ un paraguas. Ricardo no
12) _____ hasta las once porque 13) _____ los platos.

3 **Una cena divertida** Isabel y Ricardo lo pasaron muy bien anoche. Escucha de nuevo las conversaciones de la **actividad 1** y la **actividad 2** y, con toda la información que tienes, completa estas oraciones.

1. El Señor Álvarez _____ cuando _____.

2. El día de la entrevista, _____.

3. La señora Álvarez _____.

4. Ricardo está contento porque _____.

5. Ricardo e Isabel _____.

6. Isabel _____.

pronunciación

The sounds of p, t, and k

As you might recall, no consonant in Spanish is accompanied by the puff of air that the sounds of **p**, **t**, and **k** make in English when they occur at the beginning of a word. Place your hand directly in front of your lips and say the English words *pit*, *top*, and *car*. You should notice a puff of air that is released along with the initial consonant. This puff of air should never occur in Spanish. Instead, in Spanish these sounds should resemble the **p**, **t**, and **k** following the initial **s** of English *spit*, *stop*, and *scar*. Notice that no puff of air is released in these cases. Place your hand directly in front of your lips again, and compare the difference: *pit*, *spit*; *top*, *stop*; *car*, *scar*.

Listen to the speaker pronounce the following Spanish words and repeat them, focusing on the **p** sound.

proponer	princesa	perdón	paja	palacio
Pedro	patio	pintar	plato	pobre

Now listen to the speaker and repeat, focusing on the **t** sound.

tantos	terror	tirano	típico	tampoco
trabajo	tranquilo	temas	triunfo	tropa

Now listen to the speaker and repeat, focusing on the **k** sound. Remember that in Spanish a **c** before a consonant or the vowels **a**, **o**, and **u** sounds like **k**.

carne	color	campo	comida	casa
cuchillo	conspiración	cansancio	cuadro	común

Trabalenguas

Ahora que ya tienes práctica con la pronunciación básica de estos sonidos, es el momento de practicar con materiales más avanzados, como un trabalenguas. Presta atención a la pronunciación del narrador y repite cada trabalenguas tantas veces como sea necesario, hasta leerlo completo sin detenerte.

1. **Poquito a poquito Paquito empaca poquitas copitas en pocos paquetes.**

2. **Qué colosal col colocó en aquel local el loco aquel.**

3. **Treinta tramos de troncos trozaron tres tristes trozadores de troncos y triplicaron su trabajo.**

Audio Activities

vocabulario

Ahora escucharás el vocabulario que está al final de esta lección en tu libro de texto. Escucha con atención cada palabra o expresión y después repítela.

Audio Activities

Lección 4

La salud y el bienestar

contextos

1

Identificación Escucha las siguientes definiciones de palabras o expresiones relacionadas con la salud. Después, escribe el número de la descripción correspondiente a cada una de las palabras de la lista.

___1___ a. tener fiebre   ___4___ d. cirujano/a   ___9___ g. consultorio

___8___ b. vacuna   ___2___ e. obesidad   ___7___ h. jarabe

___6___ c. sano/a   ___3___ f. relajarse   ___5___ i. desmayarse

2

En el consultorio del médico Escucha la conversación entre el doctor Pérez y Rosaura, una profesora universitaria. Después, indica todos los síntomas que menciona Rosaura en la conversación.

_____ malestar general   __✓__ ansiedad   _____ dolor de espalda

__✓__ tos continua   _____ la tensión baja   __✓__ depresión

_____ la tensión alta   _____ fiebre alta   _____ vómitos

3

La salud de Rosaura Ahora escucha otra conversación entre el doctor Pérez y Rosaura e indica si las oraciones son **ciertas** o **falsas**. Corrige las falsas.

Cierto	Falso	
❑	☑	1. Manuela del Campo es una cirujana.

_____ Psiquiatra. _____

| ☑ | ❑ | 2. El doctor Pérez quiere que Rosaura hable con Manuela. |

| ☑ | ❑ | 3. A Rosaura no le gustan los doctores como Manuela porque piensan que ella es tonta. |

| ❑ | ☑ | 4. Rosaura piensa hacer muchas consultas a la psiquiatra. |

| ❑ | ☑ | 5. Rosaura va a llamar al doctor Pérez la próxima semana para contarle todo. |

_____ Por la tarde _____

| ❑ | ☑ | 6. Para el doctor Pérez, el trabajo es tan importante como la salud. |

_____ La salud es lo más importante _____

4

¿Cómo estás? Ahora, el doctor Pérez quiere hacerte unas preguntas sobre tu salud general. Escucha sus preguntas y responde en el espacio indicado.

1. _no tengo muchos_

2. _soy una persona tranquila_

3. _mi tarea dame stress._

4. _no, no tengo operajano._

Audio Activities

estructura

4.1 The subjunctive in noun clauses

1 **Demasiados enfermos** Claudia, una estudiante de medicina, está pasando el fin de semana en casa de sus padres. Toda su familia está enferma menos ella; por eso, tiene que ocuparse de sus padres, sus abuelos y sus hermanitos. Escucha las instrucciones que ella le da a cada persona enferma y después conecta cada instrucción de la columna B con la persona correspondiente de la columna A.

A	B
papá	___papá___ a. dejar de fumar inmediatamente
abuelo	___abuela___ b. no beber más café
abuela	___Carmen___ c. tomarse la temperatura cada dos horas
mamá	___Jorge___ d. terminarse toda la sopa
Jorge	___Luis___ e. meterse en la cama
Luis	___mamá___ f. tomarse dos aspirinas con agua
Carmen	___abuelo___ g. llamar al médico si se siente peor

2 **Yo te recomiendo** Ahora Claudia tiene gripe y te ha contratado (*hired*) para que cuides a toda su familia. Vuelve a escuchar lo que dice Claudia en la **actividad 1** y escribe consejos para todos. Usa cada palabra de la lista una sola vez.

> **modelo**
> *Tú escuchas:* Quiero que dejes de fumar inmediatamente.
> *Tú escribes:* Le sugiero que no fume.

1. Madre: _Es importante que tomese dos aspirinas con agua_
2. Carmen: _Es necesario que tomese la temperatura cada 2 horas_
3. Abuela: _Le sugiero que no beba más café._
4. Jorge: _Le aconsejo que terminese toda la sopa_
5. Luis: _Recomiendo que se meta en la cama_
6. Abuelo: _Es urgente que llame al médico si se siente peor_

> aconsejar
> es importante
> es necesario
> es urgente
> recomendar
> sugerir

3 **Consejos para don José** Don José está muy estresado porque lleva un estilo de vida muy agitado. Escucha los consejos que le da un médico y luego completa la tabla con la información que escuches.

Objetivos	Recomendaciones
1. Para mantenerse en forma,	1. _____
2. _____	2. es necesario que consuma frutas y verduras diariamente.
3. _____	3. le sugiero que sea organizado y que no trabaje tantas horas extras.
4. Para disfrutar más tiempo con su familia,	4. _____
5. _____	5. les aconsejo que se reserven tiempo para descansar y divertirse juntos.

Audio Activities

4.2 Commands

1 **Los consejos de César** César es un estudiante de medicina que está haciendo prácticas en un hospital. Escucha los consejos que le da César a una paciente sobre la salud y el bienestar e indica si son **lógicos** o **ilógicos**.

	lógico	ilógico		lógico	ilógico
1.	X		6.		
2.			7.		
3.			8.		
4.			9.		
5.			10.		

2 **¡A trabajar!** El doctor Arenas está enfadado por los consejos que da César a sus pacientes. Escucha lo que el doctor le dice a César e indica las tareas que tiene que hacer César. Luego, escribe los mandatos que da el doctor.

1. ✓ anotar las instrucciones
Anote las instrucciones.

2. _____ ayudar a la recepcionista

3. _____ ir al restaurante

4. _____ subir al primer piso

5. _____ llevar los paquetes al correo

6. _____ servirle la comida a los pacientes

7. _____ ordenar los papeles en mi oficina

8. _____ preparar los informes semanales

9. _____ divertirse

10. _____ limpiar el quirófano

3 **Que lo haga otra persona** César le está dando mandatos a un ayudante, pero el ayudante no quiere colaborar. Escucha los mandatos de César y escribe los mandatos indirectos con los que el ayudante le responde. Sigue el modelo.

> **modelo**
> *Tú escuchas:* Pon las vendas en el armario.
> *Tu lees:* (las enfermeras)
> *Tú escribes:* Que las pongan las enfermeras.

1. (su secretaria) _____

2. (el enfermero nuevo) _____

3. (los otros ayudantes) _____

4. (la recepcionista) _____

5. (el voluntario) _____

6. (un especialista) _____

Lección 4 Audio Activities   **71**

Audio Activities

4.3 *Por* and *para*

1 **¿Quién es?** Escucha las oraciones y escribe el número de cada una al lado de la persona que crees que la ha dicho.

_____ a. deportista   _____ e. farmacéutico

_____ b. cirujano plástico   _____ f. enfermera

_____ c. paciente   _____ g. investigador científico

_____ d. estudiante de medicina   _____ h. médico con experiencia

2 **Confesiones de una estudiante de medicina** Escucha la conversación entre la estudiante de medicina Amelia Sánchez y su amiga Carlota, y contesta las preguntas con oraciones completas.

1. ¿Adónde va Amelia todos los días por la mañana? ¿A qué hora?

_____

2. ¿Para quién debe preparar mil cosas?

_____

3. Para ella, ¿qué es lo más importante de su profesión?

_____

4. ¿Qué le gusta hacer por las tardes a Amelia para relajarse?

_____

5. ¿Para quién trabaja Carlota?

_____

6. ¿Por qué Amelia estudia medicina?

_____

3 **¿Medicina?** Vuelve a escuchar la actividad anterior e imagina el día más difícil de Amelia Sánchez en el hospital. Escribe una composición usando al menos cinco de las expresiones de la lista.

para colmo	por casualidad	por más/mucho que
por eso	por fin	por lo visto
por primera vez	por lo general	

_____

_____

_____

_____

_____

_____

_____

_____

_____

Audio Activities

The sounds of r and rr

As you might recall, Spanish has two **r** sounds, neither of which resembles the English **r**.

The sound of the single *r*

When it occurs between vowels or at the end of a syllable, the sound of a single **r** in Spanish is produced with a single tap of the tip of the tongue on the ridge behind the upper front teeth. This sound is equivalent to the sound spelled *t, tt, d,* and *dd* in standard American English in words like *eating, butter, leading,* and *caddy.* Focus on the position of your tongue and teeth as you listen to the speaker, and repeat each word.

mujeres	**periodismo**	**formaron**	**cuerpo**	**cerámica**
poder	**curativo**	**conquistar**	**enfermedad**	**aparición**

The sound of the double *rr*

In words spelled with a double **rr**, as well as in those spelled with a single **r** occurring at the beginning of the word, the sound is pronounced as a trilled **rr**. The trill sound is produced by rapidly moving the tip of the tongue against the ridge behind the upper front teeth. This trill is also the case when the **r** sound appears after the letters **l** or **n**. Listen to the speaker and repeat each word, paying attention to the position of your tongue and teeth.

arráncame	**desenterrar**	**alrededor**	**recetar**	**enredar**
rebelión	**resultado**	**desarrollar**	**ruego**	**guerra**

Many words in Spanish differ from each other only through the **r** and **rr** sounds. It is important that you practice the right sound for each one to avoid being misunderstood. Listen to the speaker and repeat each one of these pairs.

coro/corro	**moro/morro**	**pero/perro**	**perito/perrito**

Further practice

Now that you have had the chance to focus on your pronunciation, listen as the speaker says the following sentence and repeat.

¿Cuánta madera roería un roedor si los roedores royeran madera?

vocabulario

Ahora escucharás el vocabulario que está al final de esta lección en tu libro de texto. Escucha con atención cada palabra o expresión y después repítela.

Audio Activities

contextos

Lección 5
Los viajes

1 Viajes organizados Escucha un anuncio de radio sobre viajes organizados y después completa las oraciones.

1. La agencia *Escape* prepara mini-vacaciones para _____ *profesionales ocupados y estresados* _____.

2. Esta semana la agencia tiene _____ paquetes de oferta.

3. Playa Dorada es una isla privada en _____.

4. La excursión de montaña es en el estado de _____.

5. El _____ es muy pintoresco y lleno de encanto.

6. El precio de la _____ de montaña es sólo por noventa y nueve dólares por persona.

2 Un viaje cultural Ahora escucha otro anuncio de radio e indica qué ofrece el viaje descrito.

_____ visita exclusiva al Museo de Arte Moderno
de Nueva York

_____ guía turístico bilingüe

_____ viajes en taxi

_____ estancia en un hotel en Boston

_____ una cena romántica

_____ servicio de habitación las veinticuatro
horas

_____ minibar y caja fuerte en el hotel

_____ limusina y entradas para ver un musical

3 A mí me interesa Vuelve a escuchar los anuncios de radio de las **actividades 1 y 2** y escribe un párrafo breve explicando cuál de las tres opciones —la playa, la montaña o el museo— te interesa más. Usa al menos seis palabras de la lista.

a bordo	ecoturismo	itinerario
alojarse	excursión	lejano/a
buceo	hacer un viaje	quedarse
campamento	incluido	recomendable
destino	isla	regresar

_____

_____

_____

_____

_____

_____

_____

_____

_____

_____

Audio Activities

estructura

5.1 Comparatives and superlatives

1 **Cuántos recuerdos** Steve y María están de vacaciones. Después de cenar, los dos amigos van a dar un paseo por Chilapas, el pueblecito donde se hospedan. Escucha su conversación y después indica si cada una de estas afirmaciones es **cierta** o **falsa**.

Cierto	Falso	
❏	❏	1. A María el pueblo mexicano le recuerda su viaje a España.
❏	❏	2. Según María, Albarracín es un pueblo más grande que Chilapas.
❏	❏	3. En Chilapas hay menos flores que en Albarracín.
❏	❏	4. Las calles de Albarracín son más estrechas que las de Chilapas.
❏	❏	5. La gente de Albarracín es tan simpática como la de Chilapas.
❏	❏	6. Steve piensa que María no tiene más oportunidades que él para viajar.

2 **¿Cuál te gusta más?** Observa las diferencias entre las dos casas de la ilustración y después contesta las preguntas usando comparaciones.

Familia López   **Familia Brito**

1. _____

2. _____

3. _____

4. _____

5. _____

3 **¿Cuál prefieres?** Piensa en el lugar donde vives y en el último lugar donde fuiste de vacaciones. ¿Cuál prefieres? Escucha las preguntas y contesta según tu opinión. Usa estructuras comparativas y superlativas.

modelo

Tú escuchas: ¿Cuál de los dos lugares te gusta más?

Tú escribes: Me gusta más mi ciudad que el lugar donde estuve de vacaciones.

Nombre de mi ciudad: _____   Nombre del lugar turístico: _____

1. _____

2. _____

3. _____

4. _____

5. _____

6. _____

5.2 The subjunctive in adjective clauses

1 **Los planes de Celia** Celia quiere ir de viaje a algún lugar exótico y le deja un mensaje en el contestador a Elisa, una amiga que trabaja en una agencia de viajes. Escucha el mensaje y complétalo con las partes que faltan. Utiliza las palabras de la lista y haz los cambios necesarios.

descansar	hablar	practicar	resultar	tener
estar	no ser	relajar	ser	viajar

Hola, Elisa:

Soy Celia y estoy planeando hacer un viaje exótico para conocer otra cultura. Quiero visitar algún

lugar que no (1) _____ muy turístico. Me gustaría conocer culturas que (2) _____

otro idioma y que (3) _____ costumbres distintas. Lamentablemente, no tengo amigos que

(4) _____ ahora mismo de vacaciones, así que tengo que viajar sola. Por eso, prefiero un

viaje organizado con un guía que hable español. Eso sí, que no (5) _____ muy caro. Ya sabes,

tampoco tengo tanto dinero. ¡Ah! Quiero que el viaje me (6) _____ . Con tanto trabajo,

necesito descansar un poco, ¿no? ¿Tienes algún folleto que pueda mirar para informarme más?

2 **Una idea original** Elisa llama a Celia por teléfono para hablar sobre su viaje y darle más detalles. Escucha su conversación e indica si las oraciones son **ciertas** o **falsas.** Corrige las falsas usando el indicativo o el subjuntivo.

Cierto	Falso	
❏	❏	1. Celia necesita un viaje que la ayude a desconectar y relajarse.
		_____
❏	❏	2. Elisa tiene un viaje que le puede interesar a Celia.
		_____
❏	❏	3. Hay un viaje especial pero no es muy popular.
		_____
❏	❏	4. La compañía de viajes *Atrévete* ofrece un viaje organizado que se llama *No te aburras.*
		_____
❏	❏	5. A Celia no le gusta que la sorprendan.
		_____
❏	❏	6. La compañía de viajes *Atrévete* busca personas que sean organizadas y metódicas.
		_____
❏	❏	7. En este viaje el viajero no tiene mucha información sobre el destino.
		_____
❏	❏	8. El viajero no sabe qué día regresa.
		_____

3 **Un viaje muy especial** Ahora escucha otra vez la conversación de la **actividad 2** y contesta las preguntas con oraciones completas. Usa el infinitivo o subjuntivo según corresponda.

1. ¿Qué tipo de lugar quiere visitar Celia? _____

2. ¿Qué crees que va a decidir Celia al final? _____

3. ¿Harías el viaje que organiza la compañía de viajes *Atrévete*? ¿Por qué?

_____

Audio Activities

5.3 Negative and positive expressions

1 **Viajeros muy diferentes** Ricardo y Elvira son estudiantes universitarios y tienen que buscar opciones para el viaje de fin de curso. El problema es que cada uno tiene gustos muy distintos. Escucha los comentarios y transforma los afirmativos en negativos y los negativos en afirmativos.

1. _____
2. _____
3. _____
4. _____
5. _____
6. _____

2 **Ideas para el viaje de fin de curso** Ricardo y Elvira se han reunido con otros dos compañeros de clase para tomar una decisión sobre su viaje de fin de curso. Escucha lo que dice cada uno y elige la mejor opción para completar cada oración.

_____ 1. a. o yo no voy al viaje.
        b. o me compro unos zapatos.

_____ 2. a. no tengo dinero.
        b. ni la naturaleza en general.

_____ 3. a. un viaje cultural.
        b. mal tiempo.

_____ 4. a. escuchar a nadie.
        b. tomar una decisión.

_____ 5. a. llegar (*reach*) a ninguna decisión.
        b. ni aprobar el examen.

_____ 6. a. también
        b. tampoco

3 **No me gusta nada** Después de la charla con sus compañeros, Ricardo se siente muy frustrado y todo le parece mal. Escucha las preguntas y escribe las respuestas negativas que daría Ricardo. Sigue el modelo.

> **modelo**
> *Tú escuchas:* ¿Quieres viajar en temporada alta o en temporada baja?
> *Tú escribes:* No quiero viajar ni en temporada alta ni en temporada baja.

1. _____
2. _____
3. _____
4. _____
5. _____
6. _____
7. _____

vocabulario

Ahora escucharás el vocabulario que está al final de esta lección en tu libro de texto. Escucha con atención cada palabra o expresión y después repítela.

contextos

Lección 6
La naturaleza

1 **Identificación** Escucha el siguiente segmento de un programa de noticias. Después, marca las palabras de la lista que se mencionan.

_____ arrecife   _____ olas

_____ costas   _____ relámpagos

_____ sequía   _____ río

_____ huracán   _____ tormentas

_____ inundaciones   _____ truenos

2 **El medio ambiente** La universidad ha organizado tres programas para los estudiantes interesados en conservar y proteger el medio ambiente. Escucha en qué consiste cada programa y después indica dos datos específicos que escuchaste sobre cada programa.

Energía limpia	Mar azul	No a la crueldad
1. buscar alternativas a la energía eléctrica	1. _____	1. _____
_____	_____	_____
_____	_____	_____
2. _____	2. _____	2. _____
_____	_____	_____
_____	_____	_____

3 **Para un mundo mejor** Vuelve a escuchar la información sobre los programas medioambientales para voluntarios de la **actividad 2**, y después contesta las preguntas.

1. ¿Cuál es el objetivo del programa *Energía limpia*?

_____

2. ¿A qué tipo de persona le puede interesar el programa *Mar azul*?

_____

3. ¿Para qué visitarán los voluntarios de *Mar azul* a los empresarios locales?

_____

4. ¿Qué deben llevar consigo los voluntarios para registrarse en la reunión de *Mar azul*?

_____

5. ¿Quiénes dirigen el programa *No a la crueldad*?

_____

6. Según el locutor, ¿quiénes tienen el deber de cuidar la Tierra?

_____

Audio Activities

estructura

6.1 The future

1 **Un futuro aterrador** Rappel es uno de los futurólogos europeos más famosos. Escucha sus predicciones para el futuro del planeta Tierra y después escribe por lo menos dos situaciones que Rappel predijo *(foresaw)* para cada uno de los temas.

Los bosques
No tendrán animales
_____
_____

Los océanos
_____
_____
_____

Los seres humanos
_____
_____
_____

2 **¿Qué harás?** Rappel quiere saber si tú estás dispuesto a colaborar para evitar estas catástrofes de las que te ha hablado. Escucha sus preguntas y contesta en el espacio indicado.

1. _____
2. _____
3. _____
4. _____
5. _____
6. _____

3 **El futuro** Ahora, escribe un breve párrafo con tus propias predicciones sobre el futuro. ¿Será tan malo y tan oscuro como el futuro que predijo Rappel? ¿Qué grandes cambios ocurrirán en tu vida?

Para el año 2050, yo pienso que...
_____
_____
_____
_____
_____
_____
_____
_____
_____
_____

Audio Activities

6.2 The subjunctive in adverbial clauses

1 **Voluntarios para salvar el mundo** Lupita trabaja para una organización ecologista que está preparando un programa de educación medioambiental en las escuelas secundarias. Escúchala y luego completa lo que dice con los verbos apropiados.

Hola, chicos: Soy Lupita y trabajo para la organización ecologista *Jóvenes verdes*. Hoy quiero hablarles de los problemas que tiene el planeta. En primer lugar, el agua será un recurso escaso en las próximas décadas a menos que nosotros (1) _____ serias medidas al respecto. También debemos proteger los mares y los océanos antes de que (2) _____ las especies marinas porque su supervivencia es fundamental para el ecosistema. En caso de que no (3) _____ los servicios de transporte público, nosotros tenemos que exigir que (4) _____ la compra de carros que usan combustible alternativo. No podemos seguir ensuciando el planeta sin que nuestra Madre Naturaleza (5) _____. Es necesario tomar medidas drásticas antes de que (6) _____ demasiado tarde. Aunque las medidas para cuidar el medio ambiente (7) _____ difíciles de poner en práctica, lo cierto es que nuestro futuro depende de nuestras acciones. Mientras nosotros (8) _____ de brazos cruzados, numerosas especies irán desapareciendo y por eso debemos actuar inmediatamente.

2 **Un folleto con errores** Lupita está preparando un folleto con medidas para cuidar el medio ambiente. Escucha sus ideas e indica si son **lógicas** o **ilógicas**. Luego, vuelve a escucharlas para corregir las ilógicas. Usa oraciones adverbiales con subjuntivo y empieza cada una con **Es necesario**.

1. lógica /ilógica Es necesario usar el transporte público **siempre que podamos**.
2. lógica / ilógica _____
3. lógica / ilógica _____
4. lógica / ilógica _____
5. lógica / ilógica _____
6. lógica / ilógica _____
7. lógica / ilógica _____
8. lógica / ilógica _____

3 **¿Soy ecologista?** ¿Te gustaría unirte al equipo de *Jóvenes verdes*? Escucha las preguntas y contesta usando las conjunciones indicadas.

> **modelo**
>
> *Tú escuchas:* ¿Utilizas el transporte público o prefieres el carro?
> *Tú lees:* (a menos que)
> *Tú escribes:* Utilizo el transporte público a menos que no sea posible.

1. (en cuanto) _____
2. (para que) _____
3. (después de que) _____
4. (tan pronto como) _____
5. (con tal de que) _____
6. (a pesar de que) _____

Audio Activities

6.3 Prepositions: *a, hacia,* and *con*

1 **Un viaje diferente** Mateo trabaja para una compañía especializada en viajes ecológicos y turismo alternativo para jóvenes. Ahora está planeando un viaje a Puerto Rico. Escucha lo que le cuenta a Imelda, su compañera de oficina, y selecciona la opción más lógica para completar cada oración.

1. Los viajeros siempre visitan _____
   a. Ponce.   b. La Parguera.   c. Isla Culebra.

2. Mateo siempre les dice a sus clientes que va a organizar un viaje a _____
   a. Tiburón.   b. La Parguera.   c. Isla Culebra.

3. Mateo sabe que también cuenta con _____
   a. el observatorio de Arecibo.   b. Borinquén.   c. Río Piedras.

4. Mateo está decidido a cambiar la actitud tradicional hacia _____
   a. los recursos naturales.   b. el turismo.   c. El Morro.

5. Mateo quiere contar con _____
   a. los clientes.   b. Imelda.   c. San Juan.

2 **Las maravillas de la naturaleza** Mateo está pensando en los encantos naturales de Puerto Rico y decide llamar a su abuela puertorriqueña para compartir sus ideas. Escucha su conversación y completa las oraciones con las preposiciones **a**, **hacia** y **con** según corresponda. Luego indica si las oraciones son **ciertas** o **falsas**.

Cierto	Falso	
❏	❏	1. La abuela de Mateo habló ayer _____ su hija.
❏	❏	2. La abuela de Mateo vuelve de la playa _____ las tres.
❏	❏	3. Mateo quiere ir _____ la Isla Culebra y a la playa de la Parguera en su nuevo viaje.
❏	❏	4. La abuela cree que Mateo debe llevar _____ los viajeros _____ los cafetales.
❏	❏	5. La abuela estuvo en la playa de la Parguera _____ Mateo hace unos años.
❏	❏	6. La abuela le dice que recuerda caminar _____ la playa con su esposo.
❏	❏	7. Mateo quiere ir _____ los arrecifes de coral.

3 **Mis espacios naturales** Imagina que la empresa de Mateo te contrata para organizar viajes ecológicos en el lugar donde vives. Contesta las preguntas con las preposiciones **a**, **hacia** y **con**.

1. _____
2. _____
3. _____
4. _____

vocabulario

Ahora escucharás el vocabulario que está al final de esta lección en tu libro de texto. Escucha con atención cada palabra o expresión y después repítela.

Audio Activities

Lección 7

La tecnología y la ciencia

contextos

1 **Identificación** Escucha unas definiciones de palabras relacionadas con la tecnología y la ciencia y escribe el número de cada una junto a la palabra correspondiente.

_____ a. buscador   _____ f. extraterrestres

_____ b. células   _____ g. arroba

_____ c. clonar   _____ h. patente

_____ d. contraseña   _____ i. telescopio

_____ e. descubrimiento   _____ j. teoría

2 **¿Para bien o para mal?** Algunos adelantos científicos son muy positivos, pero otros causan problemas que pueden resultar destructivos para la humanidad. Escucha las oraciones y determina si se refieren a un descubrimiento o invento positivo o negativo. Luego, escribe el nombre del invento o descubrimiento en la columna apropiada.

modelo

> *Tú escuchas:* Se ha descubierto una cura para el cáncer.
> *Tú escribes:* **Cura para el cáncer** *en la columna de Positivo*

POSITIVO	NEGATIVO
1. _____	_____
2. _____	_____
3. _____	_____
4. _____	_____
5. _____	_____

3 **¿Qué opinas tú?** Escucha con atención las preguntas y después contesta según tu opinión.

1. _____

2. _____

3. _____

4. _____

5. _____

6. _____

Audio Activities

estructura

7.1 The present perfect

1   **Prácticas en el laboratorio** Germán y Soraya son estudiantes que están haciendo prácticas en un laboratorio de investigación científica. Escucha su conversación sobre sus actividades de esta mañana e indica quién —Soraya, Germán o su amigo Luis— ha hecho cada una.

_____ 1. Ha mandado correos electrónicos y ha navegado en la red.

_____ 2. Sólo ha desayunado un yogur.

_____ 3. Ha hablado por teléfono y ha hecho fotocopias.

_____ 4. Ha leído las lecturas para la clase de biología.

_____ 5. Ha trabajado en un nuevo invento que quiere patentar.

_____ 6. Ha descargado y guardado documentación para un trabajo de investigación.

2   **Un robot que limpia la casa** Luis Pérez acaba de patentar un robot que limpia la casa. Escucha la entrevista que le hacen sobre su invento e indica si las oraciones son **ciertas** o **falsas.** Corrige las falsas.

Cierto	Falso	
❑	❑	1. Luis cree que ha diseñado el invento del siglo XXI. _____
❑	❑	2. Luis ha trabajado cinco años en su invento. _____
❑	❑	3. Luis ha recibido el apoyo de su familia y sus amigos. _____
❑	❑	4. A Luis le han hecho varias ofertas de compra de la patente. _____
❑	❑	5. Luis ya ha vendido la patente. _____
❑	❑	6. Algunas personas en los Estados Unidos le han ofrecido a Luis una beca (*scholarship*). _____

3   **El invento del siglo** Imagina que acabas de inventar algo revolucionario e innovador. Primero haz una breve descripción de tu invento y después contesta las preguntas usando el pretérito perfecto.

Descripción: _____

_____

Respuestas:

1. _____

2. _____

3. _____

4. _____

5. _____

6. _____

Audio Activities

7.2 The past perfect

1 **Una simple cuestión de gustos** Marta y Carlos están en un laboratorio de genética esperando su turno con el asesor genético para determinar qué tipo de bebé les gustaría tener. Escucha su conversación y después determina si cada una de las oraciones es **cierta** o **falsa**, según lo que escuches.

Cierto	Falso	
❑	❑	1. Marta todavía no había decidido que quería una niña con ojos negros antes de llegar al laboratorio.
❑	❑	2. Carlos había empezado a pensar en las consecuencias meses antes de la consulta.
❑	❑	3. El asesor genético les había dicho que no podían elegir lo que quisieran.
❑	❑	4. La pareja había decidido tener el bebé la semana anterior.
❑	❑	5. Marta dijo que un bebé había nacido con una sonrisa maravillosa.
❑	❑	6. Marta le explicó a Carlos que los métodos científicos habían mejorado muchísimo en los últimos años.

2 **Te toca a ti** Vuelve a escuchar la conversación entre Marta y Carlos. Después, contesta las preguntas con oraciones completas.

> **modelo**
> *Tú escuchas:* ¿Qué habían decidido Marta y Carlos antes de ir al laboratorio?
> *Tú escribes:* Marta y Carlos **habían decidido** tener un bebé.

1. _____
2. _____
3. _____
4. _____
5. _____

3 **¿Qué habías hecho?** ¿Te acuerdas de los momentos importantes de tu vida? Escucha las preguntas y responde si ya habías hecho esas cosas en el año indicado.

> **modelo**
> *Tú escuchas:* ¿Ya habías nacido?
> *Tú lees:* En 1992,
> *Tú escribes:* yo ya **había nacido.**

1. En 1994, _____
2. En 1999, _____
3. En 2000, _____
4. En 2003, _____
5. En 2006, _____
6. En 2007, _____

Audio Activities

7.3 Diminutives and augmentatives

1

Una mascota muy especial Cristina y Esteban van a una clínica veterinaria experimental para pedir que les hagan una mascota (*pet*) original. Escucha su conversación e indica si las oraciones son ciertas o falsas.

Cierto	Falso	
❑	❑	1. Cristina quiere que le preparen un "perrogatito".
❑	❑	2. Esteban quiere una mascota con unas orejas chiquititas.
❑	❑	3. A Cristina le encantan las mascotas con ojazos grandotes.
❑	❑	4. Esteban vio una mascota con dientecitos pequeñitos.
❑	❑	5. Esteban quiere una mascota con narizota grande y patas pequeñitas.
❑	❑	6. Cristina y Esteban no pueden decidir cómo será el carácter de su mascota.

2

Comentarios Escucha los comentarios de cuatro personas sobre los experimentos con animales. Indica si están a favor o en contra e identifica los aumentativos o diminutivos que usa cada uno. Luego escribe tu opinión sobre este tema.

	De acuerdo	En desacuerdo	Aumentativos/Diminutivos		
Esteban	❑	❑	_____	a. grandotes	e. hermanito
Teresa	❑	❑	_____	b. mascotita	f. pobrecitos
Pedro	❑	❑	_____	c. animalitos	g. pequeñitas
Gabriela	❑	❑	_____	d. cabezotas	

Mi opinión: _____

_____

3

El veterinario y su mascota Cristina te va a dar una descripción de la mascota que quiere. Imagina que eres el veterinario de la clínica y prefieres crear una mascota distinta. Escucha lo que dice Cristina y escribe la descripción del animal que tú prefieres, convirtiendo los aumentativos en diminutivos y viceversa.

> **modelo**
> *Tú escuchas:* Mi animalito tiene patas pequeñitas.
> *Tú escribes: Mi animal**ote** tiene patas grand**otas**.*

1. _____
2. _____
3. _____
4. _____
5. _____

vocabulario

Ahora escucharás el vocabulario que está al final de esta lección en tu libro de texto. Escucha con atención cada palabra o expresión y después repítela.

Lección 8
La economía y el trabajo

1 **Identificación** Escucha unas definiciones relacionadas con la economía y el trabajo y elige la palabra que corresponde a cada una.

1. _____ a. aumento   b. gerente
2. _____ a. deuda   b. contrato
3. _____ a. despedir   b. gastar
4. _____ a. empleo   b. conferencia
5. _____ a. bancarrota   b. reunión
6. _____ a. bolsa de valores   b. presupuesto
7. _____ a. jubilarse   b. contratar
8. _____ a. sueldo   b. sindicato
9. _____ a. currículum vitae   b. entrevista de trabajo
10. _____ a. cobrar   b. solicitar

2 **¿Quién lo dijo?** Escucha lo que dicen cinco personas sobre el trabajo y escribe el número del comentario al lado de la persona que lo dice.

_____ a. vendedor(a)   _____ e. dueño/a
_____ b. asesor(a)   _____ f. desempleado/a
_____ c. periodista   _____ g. socio/a
_____ d. empleado/a de banco   _____ h. ejecutivo

3 **¿Cuánto sabes sobre el mundo laboral?** ¿Estás preparado o preparada para entrar a formar parte del mundo laboral? ¿Tienes una idea clara de cuáles son tus objetivos? Escucha las preguntas y contesta según tu propia experiencia.

1. _____
2. _____
3. _____
4. _____
5. _____
6. _____

Audio Activities

estructura

8.1 The conditional

1

Una entrevista de trabajo Felipe tiene una entrevista para un puesto de vendedor en una empresa de finanzas. Escucha la conversación entre Felipe y el entrevistador y elige el final adecuado para estas oraciones.

A. 1. El entrevistador le pide a Felipe que _____
    a) le dé su currículum   b) cierre la puerta   c) lo llame por teléfono

  2. Felipe viajaría _____
    a) con mucho gusto   b) todos los días   c) cada mañana

  3. Felipe estaría dispuesto a trabajar _____
    a) los domingos   b) un día a la semana   c) los fines de semana

  4. A Felipe le gustaría tener _____
    a) coche propio   b) un ordenador portátil   c) un día libre

  5. Si Felipe consiguiera el trabajo, _____
    a) viviría en el barrio   b) viviría en la ciudad   c) se mudaría

  6. Si lo contratara, Felipe _____
    a) pediría un aumento   b) trabajaría mucho   c) saludaría a sus compañeros

B. Piensa en lo que escuchaste y responde: Si fueras el entrevistador, ¿le darías el trabajo a Felipe? ¿Por qué?

_____

_____

2

¡Cuántas preguntas! Después de la entrevista, Rosa, una amiga de Felipe, le hace preguntas sobre lo que ocurrió. Escucha su conversación y decide si las oraciones son **ciertas** o **falsas.** Corrige las falsas.

Cierto   **Falso**

❑   ❑   1. Serían las doce cuando empezó la entrevista.

❑   ❑   2. Habría diez o quince personas más esperando para la entrevista.

❑   ❑   3. La entrevista duraría una hora.

❑   ❑   4. Felipe saldría hacia las dos.

❑   ❑   5. El entrevistador le dijo que le mandarían una carta.

3

Tu propia entrevista Imagina que vas a tener una entrevista para un trabajo muy interesante y necesitas prepararte bien. Contesta las preguntas sobre cómo te prepararías usando el condicional.

> **modelo**
> Tú escuchas: ¿Cómo irías a tu entrevista? ¿Caminando, en carro o en taxi?
> Tú escribes: Iría en mi propio carro.

1. _____

2. _____

3. _____

4. _____

5. _____

8.2 The past subjunctive

1 **La huelga general** Los trabajadores de una compañía petrolera venezolana hicieron una huelga para pedir cambios políticos y mejoras en el trabajo. Escucha las peticiones de los sindicatos y los trabajadores. Después explica qué pidieron, usando el imperfecto del subjuntivo.

1. Los trabajadores demandaron que _____.

2. Los sindicatos exigieron que _____.

3. Luis Pérez reclamó que _____.

4. Marisa Canto pidió que _____.

5. Los sindicatos exigieron que _____.

6. Los trabajadores del comedor reclamaron que _____.

2 **Las finanzas** Primero, lee estos seis finales de oraciones sobre inversiones y bienes inmuebles (*real estate*). Luego, escucha los comentarios y escribe el número del principio más lógico para completar las oraciones.

_____ a. ...invirtiera en la bolsa.

_____ b. ...comprara una casa en las afueras de la ciudad.

_____ c. ...tuvieran otro hijo.

_____ d. ...abrieran también una empresa de exportación.

_____ e. ...comprara también acciones (*shares*) en otras empresas para diversificar.

_____ f. ...aprendieran a hablar chino.

3 **Alta costura** Una joven y excéntrica condesa millonaria ha llegado a la tienda de Carolina Herrera donde tú trabajas de vendedor o vendedora. Escucha sus peticiones absurdas. Luego, escribe las cosas que te pidió que hicieras.

(escuchar atentamente) _La condesa me pidió que la **escuchara** atentamente._

(traer un café y un pedazo de torta de chocolate) _____

_____

(dar otra silla) _____

(llamar a Carolina Herrera) _____

(enseñar las últimas creaciones) _____

(cambiarse de ropa) _____

Lección 8 Audio Activities

89

Audio Activities

8.3 *Si* clauses with simple tenses

1 **Una tarde libre** Carlos no trabaja esta tarde y quiere aprovechar para hacer muchas cosas. Escucha las actividades que planea hacer y ordénalas cronológicamente.

_____ a. Si puede, llamará a Luis para quedar (*to meet*).

_____ b. Si Luis y Carlos cenan pronto, irán a jugar al billar.

_____ c. Si hace buen tiempo, Carlos irá a dar un paseo.

_____ d. Si la hermana de Carlos está en casa de su madre, tomará un café con ella.

_____ e. Si Luis quiere, irán a cenar a un restaurante.

_____ f. Si tiene tiempo, hará unas compras.

2 **Cómo casarse con un millonario** Valeria acaba de recibir un aumento de sueldo y por eso hoy se siente soñadora y optimista. Primero, completa las oraciones con el tiempo adecuado. Luego, escucha la conversación entre Valeria y su amiga Diana, y decide si las oraciones son **ciertas** o **falsas**.

Cierto	Falso	
❑	❑	1. Si Valeria _____ (ganar) la lotería, viajaría a Tokio.
❑	❑	2. Si fuera a las Bahamas, _____ (conocer) a un millonario.
❑	❑	3. Si Valeria _____ (conocer) a un millonario, iría de viaje con él.
❑	❑	4. Si _____ (casarse) con un millonario, Valeria seguiría escribiendo artículos.
❑	❑	5. Si fuera millonaria, Valeria siempre _____ (estar) tomando el sol.
❑	❑	6. Si Valeria viajara mucho, _____ (contratar) a un intérprete.

3 **¿Y tú?** ¿Qué harías tú en estas situaciones laborales? Escucha las preguntas sobre situaciones presentes e hipotéticas y contesta con oraciones completas. Usa el presente y el condicional, según corresponda.

> **modelo**
>
> *Tú escuchas:* ¿Qué haces si en tu trabajo te ofrecen más responsabilidades sin un aumento de sueldo?
> *Tú escribes:* Si me ofrecen más responsabilidades sin un aumento, yo hablo con mi jefe.
> *Tú escuchas:* ¿Cómo actuarías si en una ocasión te pagaran dos veces por error?
> *Tú escribes:* Si me pagaran dos veces por error, yo devolvería la parte del dinero que no me corresponde.

1. _____

2. _____

3. _____

4. _____

5. _____

vocabulario

Ahora escucharás el vocabulario que está al final de esta lección en tu libro de texto. Escucha con atención cada palabra o expresión y después repítela.

Audio Activities

contextos

Lección 9
La cultura popular y los medios de comunicación

1 **Identificación** Escucha unas definiciones relacionadas con la cultura popular y los medios de comunicación y escribe el número de la definición al lado de la palabra correspondiente.

_____ a. estrellas   _____ f. prensa sensacionalista

_____ b. chismes   _____ g. presentador

_____ c. emisora   _____ h. público

_____ d. anuncio   _____ i. telenovela

_____ e. noticias   _____ j. titulares

2 **Programación televisiva** Escucha un anuncio de una cadena de televisión e indica qué programación televisiva corresponde a cada uno de los días indicados.

Lunes

Último episodio de la serie Tigres

_____

_____

Viernes

_____

_____

_____

Miércoles

_____

_____

_____

Domingo

_____

_____

_____

3 **¿Y los demás días?** Vuelve a escuchar la programación televisiva de la **actividad 2**. Teniendo en cuenta el tipo de programación del anuncio, imagina qué programas se transmitirán los tres días restantes.

Martes _____

_____

Jueves _____

_____

Sábado _____

_____

Audio Activities

estructura

9.1 The present perfect subjunctive

1

¡Qué nervios! Imagina que eres el ayudante (*assistant*) de un actor de teatro que está muy nervioso el día del estreno. Escucha lo que dice el actor e intenta tranquilizarlo. Sigue el modelo.

> **modelo**
> Tú escuchas: ¡Qué nervios! Creo que se me ha olvidado el guión.
> Tú escribes: *No creo que se te **haya olvidado** el guión.*

1. No es verdad que _____ .

2. No creo que _____ .

3. No es cierto que _____ .

4. No es verdad que _____ .

5. Es imposible que _____ .

6. Dudo que _____ .

2

El jefe mentiroso Estás trabajando de ayudante para una publicación sensacionalista. A ti no te gusta el trabajo, pero necesitas el dinero. El problema es que tu jefe no deja de inventar historias que tú sabes que no son verdad. Escucha cada chisme que menciona tu jefe y dile lo que piensas en tus propias palabras.

> **modelo**
> Tú escuchas: Jon Bon Jovi se ha divorciado después de diez años de matrimonio.
> Tú escribes: *Dudo mucho que Jon Bon Jovi se **haya divorciado**./*
> *Me extraña que Jon Bon Jovi se **haya divorciado**.*

1. _____
2. _____
3. _____
4. _____
5. _____
6. _____

3

Y tú, ¿qué piensas? Escucha cinco preguntas sobre los chismes y los medios de prensa y responde expresando tu opinión. Usa el pretérito **perfecto del subjuntivo**.

1. _____
2. _____
3. _____
4. _____
5. _____

Audio Activities

9.2 Relative pronouns

1 **Patricia Montero, estrella de cine** Escucha la entrevista de Fabiola a la gran actriz Patricia Montero. Luego escribe el nombre de la persona que dice cada oración.

_____ 1. Tengo frente a mí a una estrella que ha obtenido grandes éxitos.

_____ 2. ¿Cuál es el actor más atractivo con quien has trabajado?

_____ 3. Luis Aguilera tiene un concepto de las telenovelas que va a ser revolucionario.

_____ 4. El público quiere personajes reales con los que pueda identificarse.

_____ 5. Dicen que el camerino en el que te vistes y maquillas siempre tiene flores exóticas.

_____ 6. Eso lo escribió un reportero cuya esposa era actriz y estaba celosa.

2 **La entrevista** Ahora escucha de nuevo la entrevista de la **actividad 1** y completa estas oraciones con los **pronombres relativos** de la lista.

a quien	con los que	en el cual
al cual	con quien	en el que
con el que	cuya	que

1. George Clooney es el actor _____ Patricia más admira.

2. El director _____ va a trabajar Patricia es Luis Aguilera.

3. La gente que mira las telenovelas quiere personajes _____ identificarse.

4. Un reportero _____ esposa estaba celosa dijo una mentira.

5. En el camerino _____ se viste Patricia nunca hay flores exóticas.

3 **La fama** Vas a escuchar unos comentarios sobre personas que trabajan en distintos medios de comunicación. Escúchalos y contesta las preguntas usando los **pronombres relativos** indicados.

1. ¿Quién es la doble de la cantante latina?

   (que) Es la chica **que** está allí sentada. _____

2. ¿De qué reportero famoso están hablando?

   (cuyo) _____

3. ¿De qué crítico de cine están hablando?

   (con quien) _____

4. ¿Qué emisora se ha hecho popular entre la comunidad latina?

   (que) _____

5. ¿Quién es el chico atractivo?

   (a quien) _____

6. ¿Qué fotografías mandaste?

   (cuyos) _____

Audio Activities

9.3 The neuter *lo*

1 **Los placeres del mate** Rosana, una estudiante uruguaya de intercambio en los Estados Unidos, ha preparado una presentación sobre el mate para una de sus clases. Escucha un fragmento de su presentación y después indica si las oraciones son **ciertas** o **falsas**.

Cierto	Falso	
❑	❑	1. Lo mejor del mate es que no te deja dormir por la noche.
❑	❑	2. Lo peor del mate es que te acostumbras a él y luego ya no puedes vivir sin él.
❑	❑	3. Lo que más le gusta del mate a Rosana es que no se comparte.
❑	❑	4. Rosana dice que una buena razón para tomarlo es lo delicioso que es.
❑	❑	5. Rosana destaca lo fácil que es preparar una mateada.
❑	❑	6. El padre de Rosana decía que lo más importante del mate es que simboliza amistad.

2 **Acción de Gracias** Ahora piensa en las tradiciones del día de Acción de Gracias (*Thanksgiving*). Escucha lo que una persona opina sobre esta fiesta y decide si estás de acuerdo o no con sus opiniones. Explica por qué.

> lavar los platos   pavo
> disfrutar con la familia puré de papas
> ofertas

1. de acuerdo / en desacuerdo _____

2. de acuerdo / en desacuerdo _____

3. de acuerdo / en desacuerdo _____

4. de acuerdo / en desacuerdo _____

5. de acuerdo / en desacuerdo _____

6. de acuerdo / en desacuerdo _____

3 **Tradiciones familiares** Probablemente en tu familia hay alguna tradición relacionada con alguna comida o bebida. Elige una y luego contesta las preguntas que vas a escuchar.

1. _____

_____

2. _____

_____

3. _____

_____

4. _____

_____

vocabulario

Ahora escucharás el vocabulario que está al final de esta lección en tu libro de texto. Escucha con atención cada palabra o expresión y después repítela.

Audio Activities

contextos

Lección 10
La literatura y el arte

1 Una pareja compatible Graciela y Paulino son personas creativas. Escucha las afirmaciones sobre ellos e indica si cada una es **cierta** o **falsa**, según la ilustración.

Cierto Falso

1. ☐ ☐

2. ☐ ☐

3. ☐ ☐

4. ☐ ☐

5. ☐ ☐

Graciela

Paulino

2 Crítica La locutora de un programa de radio habla hoy de la última novela de un conocido escritor. Escucha su crítica literaria y después contesta las preguntas.

1. ¿Cuál es el título de la novela?

   _____

2. Según la locutora, ¿tendrá éxito la novela?

   _____

3. ¿Qué quiere hacer el estudio cinematográfico? _____

4. ¿Cómo es el estilo del escritor? _____

5. ¿Qué historia narra la novela? _____

3 ¿Cuánto sabes? ¿Sabes mucho sobre arte? ¿Y sobre literatura? Para medir tus conocimientos, escucha las preguntas del narrador y elige la respuesta que te parezca más lógica y apropiada para cada pregunta.

1. a) Significa que la pintura muestra plantas y animales muertos.

   b) Significa que la pintura muestra imágenes de la naturaleza sin movimiento.

2. a) Cuenta cronológicamente los sucesos principales que tienen lugar en una narración.

   b) Describe a los personajes y el lugar donde se desarrolla la historia.

3. a) Hablamos de alguien que vive durante el mismo período que vivimos nosotros.

   b) Nos referimos a una persona que siempre hace las cosas con tiempo.

4. a) Es una imagen del artista que pinta el retrato.

   b) Es una imagen abstracta de un sujeto.

5. a) Casi siempre tiene una heroína que lucha por una causa social.

   b) Suele tener una protagonista que tiene que vencer varios obstáculos para conseguir el amor de su vida. La historia termina con un final feliz.

Audio Activities

estructura

10.1 The future perfect

1 **La galería de arte** Armando, el ayudante en una galería de arte, habla con Manuela, la directora. Él está explicándole los planes que ha preparado después de reunirse con los próximos tres artistas que exhibirán sus obras en la galería. Escucha las notas de Armando y después completa las oraciones, según la información que escuches.

1. La reunión entre Armando y los artistas tuvo lugar el _____ .

2. Ramón habrá terminado los dos últimos cuadros para _____ .

3. La exposición de los cuadros de Ramón será _____ .

4. Lucía habrá completado su última escultura _____ .

5. Emilio, el pintor de retratos, habrá resuelto sus problemas personales para _____ .

6. La exposición de primavera incluirá obras de varios _____ .

2 **¿Qué habrá pasado?** Finalmente, la exposición que organizaban Manuela y Armando se canceló. Escucha lo que sucedió y haz suposiciones para explicar lo que habrá pasado en cada caso. ¡Sé creativo!

> **modelo**
> *Tú escuchas:* Manuela cerró la galería de arte.
> *Tú escribes:* Probablemente **habrá tenido** problemas económicos.

1. _____

2. _____

3. _____

4. _____

5. _____

6. _____

3 **Una escritora ocupada** Escucha la conversación telefónica entre la escritora Margarita Silva y el jefe de redacción del periódico para el que ella escribe. Después indica si las oraciones son **ciertas** o **falsas**. Corrige las falsas.

Cierto	Falso	
❏	❏	1. Margarita habrá terminado su columna semanal para el sábado.
		_____
❏	❏	2. A los lectores les interesó el artículo de Margarita.
		_____
❏	❏	3. El jefe piensa que los artículos satíricos son aburridos.
		_____
❏	❏	4. Cuando vaya de viaje a Valparaíso, Margarita ya habrá enviado la novela.
		_____
❏	❏	5. Margarita desea haber hecho un buen trabajo.

Audio Activities

10.2 The conditional perfect

1 **La vida bohemia** Arturo es un joven artista polifacético: escribe, pinta, hace esculturas, compone, ¡y hasta canta! Sin embargo, este último año ha tenido muchos problemas profesionales. Escucha lo que dice Arturo y ordena estas oraciones cronológicamente.

_____ a. Envió un cuento a un periódico y lo publicaron con el nombre de otro escritor.

_____ b. Le regaló una escultura a una amiga y ella se la vendió a un coleccionista de arte.

_____ c. Escribió una canción, pero su amigo no reconoció sus derechos de autor.

_____ d. Le prometieron exhibir sus cuadros en una galería, pero cambiaron de opinión.

_____ e. Lo contrataron para dar un concierto y lo cancelaron al día siguiente.

2 **Todo podría haber sido distinto** Ahora vuelve a escuchar lo que dice Arturo y completa estas oraciones escribiendo lo que podría haber sucedido. Usa el condicional perfecto.

1. Si Arturo hubiera exhibido sus obras en la galería de arte, _habría podido vender un montón de cuadros._

2. Si el concierto no se hubiera cancelado, _____.

3. Si su amiga no hubiera vendido la escultura de Arturo, _____.

4. Si Arturo no hubiera enviado el cuento al periódico, _____.

5. Si Arturo no hubiera escrito una canción para su amigo, _____.

3 **¿Qué habrías hecho tú?** Emilio te va a explicar lo que hizo en varias situaciones. Escúchalo y después indica qué habrías hecho tú en su lugar.

> **modelo**
> *Tú escuchas:* Mis amigos me regalaron entradas para ver una obra de teatro, pero yo no las acepté.
> *Tú escribes:* En su lugar, yo las **habría aceptado**.

1. _____

2. _____

3. _____

4. _____

5. _____

6. _____

Audio Activities

10.3 The past perfect subjunctive

1 **Críticas negativas** Todo el mundo se queja de algo en una exposición de cuadros. Escucha los comentarios de algunas personas y escribe lo que no le gusta a cada una de ellas. Usa el pluscuamperfecto del subjuntivo.

> **modelo**
>
> *Tú escuchas:* A Ramón no le gusta que haya asistido tanta gente a la exposición.
> *Tú escribes: A Ramón no le gustó que **hubiera asistido** tanta gente a la exposición.*

1. _____
2. _____
3. _____
4. _____
5. _____
6. _____

2 **¿Cómo fue la exposición?** Piensa en la última vez que asististe a una exposición o imagina que has asistido a una. Escucha oraciones incompletas y, basándote en esa experiencia, complétalas de forma apropiada.

> **modelo**
>
> *Tú escuchas:* Cuando llegué allí, me molestó que no...
> *Tú escribes: Cuando llegué allí, me molestó que no hubieran servido nada de comer. /*
> *Cuando llegué allí, me molestó que no **hubiera llegado** nadie.*

1. _____
2. _____
3. _____
4. _____

vocabulario

Ahora escucharás el vocabulario que está al final de esta lección en tu libro de texto. Escucha con atención cada palabra o expresión y después repítela.

escritura

Estrategia
Freewriting

Although organizing your ideas and facts before you write is an important part of the writing process, it is also important to learn how to get your ideas and information down on paper quickly. One effective way to do that is a technique known as freewriting.

Freewriting is exactly what it sounds like—writing freely and quickly without going back to edit your work as you write. The idea is to organize your information before you write, but when it is time to begin writing, you simply let the words pour onto the paper without reviewing them critically. Freewriting is a good way to create a rough draft; you write as much as you can on the topic without worrying about organization or errors of any kind as you write.

Here are some do's and don'ts when it comes to freewriting:

DO...

► write freely without revising.

► write as much as you can until you feel you have exhausted the topic.

► use multiple freewriting sessions if you need them.

► save ideas for revision and improvement for the editing stage.

DON'T...

► worry about errors of organization, spelling, grammar, etc. as you write.

► set a limit on how much time you spend freewriting.

► reread your work until you have finished the freewriting stage.

Tema
Una carta de consejos

Antes de escribir

1. Vas a escribir una carta de consejos para contestar una escrita por Alonso, un chico colombiano.

2. Lee la carta que escribió Alonso.

Me llamo Alonso. Tengo 17 años y soy de Colombia. Vine a Boston con mi familia porque mi padre consiguió un nuevo trabajo. Conocí a Sean en la clase de español. Ahora somos muy buenos amigos. Nos llevamos bien y lo pasamos muy bien en las clases. Nos gusta comparar las diferencias culturales entre los latinoamericanos y los estadounidenses.
    Los problemas comenzaron cuando Sean y yo empezamos a salir con un grupo de sus amigos después de las clases. Todos sus amigos son estadounidenses. Pienso que a nadie le interesa charlar conmigo, y a mí tampoco me interesa hablar con ellos de béisbol y esas cosas. Cuando voy a la casa de Sean para comer y llevo comida colombiana para compartir, su familia me mira con desconfianza. Cuando trato de hablar con ellos en inglés, hago errores y tengo vergüenza. A veces pienso que no debo tratar de hacer amistades con estudiantes estadounidenses como Sean, pero nos llevamos muy bien en el colegio. Sólo tenemos problemas fuera de la escuela. ¿Qué puedo hacer para sentirme menos nervioso con otras personas estadounidenses fuera de la escuela?

3. Toma cinco minutos para anotar tus reacciones a la carta y tus sugerencias para Alonso.

Escribir

1. Usa la técnica de escritura libre (*freewriting*) para crear el primer borrador de tu carta, usando los apuntes que tomaste en la parte anterior.

2. Recuerda que debes escribir todas tus ideas a la vez, sin pensar demasiado en la organización y los errores de gramática y estilo.

Después de escribir

1. Una vez que hayas creado el primer borrador usando la técnica de escritura libre, es importante revisarlo cuidadosamente.

2. Mientras leas tu borrador, subraya (*underline*) todas las oraciones relacionadas a una idea principal. Haz un círculo alrededor de las oraciones relacionadas a una segunda idea principal. Luego haz un cuadro (*square*) alrededor de las oraciones relacionadas a una tercera idea principal. Mira este borrador.

Veo que estás muy triste. Debes seguir con tu amistad con Sean. Tú no eres la causa del problema. Sean tampoco es la causa del problema. Estás muy nervioso cuando tienes que hablar inglés. Si es posible, debes hablar del problema con Sean. Vas a tener más confianza dentro de unos meses.

▶ Las oraciones subrayadas se refieren a las emociones.
▶ Las oraciones dentro de círculos son sugerencias.
▶ Las oraciones dentro de cuadros analizan el problema.

3. Después de marcar tu borrador de esta manera, míralo otra vez. Trata de agrupar las ideas marcadas de la misma forma. Reescribe el borrador usando esta nueva organización.

4. Antes de intercambiar tu borrador con un(a) compañero/a de clase, léelo otra vez para eliminar errores obvios de gramática, ortografía, etc.

5. Ahora, intercambia tu borrador con un(a) compañero/a de clase. Coméntalo y contesta estas preguntas.

▶ ¿Le hizo tu compañero/a sugerencias a Alonso?
▶ ¿Agrupó tu compañero/a las oraciones relacionadas?
▶ ¿Organizó tu compañero/a bien su carta?
▶ ¿Qué detalles añadirías (*would you add*)? ¿Cuáles quitarías (*would you delete*)? ¿Qué otros comentarios tienes para tu compañero/a?

6. Revisa tu carta según los comentarios de tu compañero/a. Después de escribir la versión final, léela otra vez para eliminar errores de:

▶ ortografía
▶ puntuación
▶ uso de letras mayúsculas y minúsculas
▶ concordancia entre sustantivos y adjetivos
▶ uso de verbos en el presente de indicativo
▶ uso de **ser** y **estar**

escritura

Lección 2

Estrategia
Writing within a time limit

Another good writing strategy for creating your rough draft is setting a time limit in which to write. When you know you only have so much time to express your ideas, it forces you to prioritize your ideas quickly and not dwell too long on expressing them.

One of the benefits of writing within a time limit is that it makes you write your ideas in order of importance. You practiced doing this in **Nivel 2, Lección 6**, when you used an inverted pyramid to organize ideas this way. When you write within a time limit, you are doing the same thing—because you have only so much time, you need to focus on what is most important to say, then what is next most important to say, and so on. Another benefit of this writing strategy is that it prepares you for writing as part of your future career. In the modern work place it is most often the case that you have to write while bound by a tight deadline. Being able to organize your thoughts quickly and express them rapidly is an important skill in today's fast-moving world of work.

To use this technique, begin by organizing your thoughts in advance. Then, once you have an idea of what you want to say, allow yourself a strict time limit to create each section of your written piece. Because you are focusing on writing information in order of importance, you may write your paragraphs out of order. As in freewriting, the writing stage does not include time for in-depth editing; you will do that as a separate step later. Unlike freewriting, you are free to go back and read what you have already written, keeping in mind that you are on deadline! The important thing is to keep moving ahead and then come back and reshape your work during the editing phase.

Tema
Un correo electrónico

Antes de escribir

1. Vas a escribir un correo electrónico a un grupo de amigos. Tus abuelos vienen de visita por una semana y llevas varios días planeando una fiesta donde se los presentarás a tus amigos. Ahora quieres escribirles a tus amigos para recordarles los planes para la fiesta y decirles lo que deben y no deben hacer para causar una buena impresión.

2. Tu mensaje va a tener cinco partes:

   ▶ Parte 1: un saludo informal, como **Hola, ¿Qué tal?, ¿Qué onda?**, etc.

   ▶ Parte 2: una breve introducción para recordarles a tus amigos qué cosas les gustan a tus abuelos y qué cosas les molestan. Puedes usar estas expresiones: **(no) les gusta(n), les fascina(n), les encanta(n), les aburre(n), (no) les interesa(n), (no) les molesta(n).**

   ▶ Parte 3: un párrafo en el que explicas que tus abuelos son formales y elegantes y les dices a tus amigos que tienen que arreglarse para la ocasión. Usa expresiones como **quitarse el arete, afeitarse, vestirse mejor, peinarse**, etc.

   ▶ Parte 4: una oración en la que les recuerdas a tus amigos dónde van a encontrarse para la fiesta.

   ▶ Parte 5: una despedida informal

3. Usa el diagrama de la pirámide invertida para organizar lo que tienes que escribir y para decidir cuáles de las secciones del mensaje son más importantes. Escribe las cinco partes en la pirámide, pensando en el tiempo que crees que necesitas para escribir cada una. Mientras completas el diagrama, también puedes añadir algunos de los detalles que piensas incluir en la composición.

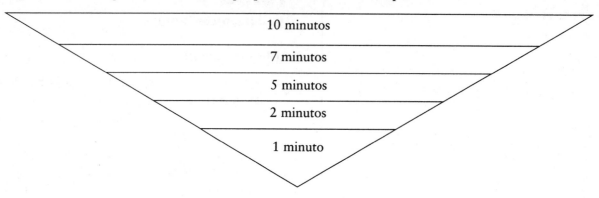

10 minutos

7 minutos

5 minutos

2 minutos

1 minuto

Escribir

1. Mira la pirámide invertida que hiciste para ver cuánto tiempo tienes para escribir cada parte del mensaje, según lo que anotaste.

2. Escribe los números de las cinco partes del mensaje en el margen izquierdo de tu composición. Vas a escribir las partes según el orden de los niveles (levels) de la pirámide, no según el orden del mensaje final.

3. Mientras escribes, incluye la información de cada parte al lado del número correspondiente en el margen.

4. Al escribir cada sección, no escribas por más del número de minutos indicados en la pirámide.

5. Verifica el uso correcto de los verbos reflexivos y de los verbos como **gustar** mientras escribes.

Después de escribir

1. Lee tu mensaje y corrige errores obvios. También verifica el orden de las partes y a la cohesión del mensaje en general. Si quieres hacer cambios, hazlos ahora y reescribe el mensaje.

2. Intercambia tu borrador con un(a) compañero/a de clase. Coméntalo y contesta estas preguntas.

   ▶ ¿Incluyó tu compañero/a las cinco partes del mensaje?

   ▶ ¿Escribió él/ella toda la información necesaria para cada parte?

   ▶ ¿Usó él/ella algunas de las palabras y expresiones indicadas anteriormente?

   ▶ ¿Usó él/ella bien los verbos como **gustar** y los verbos reflexivos?

   ▶ ¿Qué detalles añadirías (*would you add*)? ¿Cuáles quitarías (*would you delete*)? ¿Qué otros comentarios tienes para tu compañero/a?

3. Revisa tu mensaje según los comentarios de tu compañero/a. Después de escribir la versión final, léela otra vez para eliminar errores de:

   ▶ ortografía

   ▶ puntuación

   ▶ uso de letras mayúsculas y minúsculas

   ▶ concordancia entre sustantivos y adjetivos

   ▶ uso de verbos en el presente de indicativo

   ▶ uso de verbos como **gustar**

   ▶ uso de verbos reflexivos

escritura

Estrategia
Writing to a friend

Although not everyone suffers from writer's block, most people occasionally have trouble getting started with a piece of writing. For whatever reasons, it is sometimes difficult to stop conceptualizing and start writing. One good technique for getting you going is to pretend you are writing to a friend. This strategy works especially well when what you are writing is some kind of narrative or anecdote.

The technique of writing to a friend is as simple as it sounds. Rather than worrying about how you are going to organize your composition, you simply plunge right in, as if you were telling the story aloud to a friend. Just write what you would say—in that order and with those words. Write as quickly as you can, pretending you are talking and not writing. Once you have jotted down the entire story or narrative, you can then go back and revise in these areas to make it sound more like a written composition and less like a conversation:

▶ Replace informal conversational language with more formal language. For example, replace **por poco me muero de risa** (conversational) with **me reí muchísimo** (more formal).

▶ Divide the body of your narrative into clear paragraphs, each dealing with a particular phase of the story.

▶ Make sure all sentences are complete sentences. Often, when we talk, we use sentence fragments. In writing, this is rarely done except in very stylized pieces; it is safer to use complete sentences throughout. For example: replace **y así y así** with **y todo siguió así**.

Tema
Una anécdota del pasado

Antes de escribir

1. Vas a contar una anécdota que te haya ocurrido en el pasado. Debes pensar en una historia divertida, dramática o interesante relacionada con uno de estos temas:

   ▶ un regalo especial que recibiste

   ▶ una situación en la que usaste una excusa falsa y las cosas no te salieron bien

   ▶ una situación en la que fuiste muy ingenuo/a (*naïve*)

2. Tu anécdota debe tener estas tres partes:

   ▶ Un título breve que sugiera el contenido de la historia pero que no dé demasiada información

   ▶ Un cuerpo o parte central con distintos párrafos que narren el contenido de la anécdota. Explica qué estaba pasando cuando ocurrió el acontecimiento: dónde estabas, con quién estabas, etc. Usa el imperfecto para describir en el pasado. Luego cuenta qué pasó, cómo pasó, a quién le pasó, etc. Usa el pretérito para contar las acciones. Incluye expresiones como: **al principio, al final, después, entonces, luego, todo empezó cuando**, etc.

   ▶ Una conclusión que termine la historia y explique cuál fue el resultado del acontecimiento y cómo te sentiste

3. Antes de escribir tu anécdota, organiza los eventos de la historia usando el siguiente diagrama que indica su secuencia. Las tres partes del diagrama corresponden a las tres partes de la anécdota.

TÍTULO:_____

_____

⇩

CUERPO/PARTE CENTRAL:

⇩

CONCLUSIÓN:

Escribir

1. Escribe tu anécdota, incluyendo las tres partes indicadas anteriormente.

2. Mientras escribes, imagina que estás contándole la historia a un(a) amigo/a. No te preocupes por el estilo; concéntrate sólo en el contenido.

3. Verifica el uso correcto del pretérito y del imperfecto mientras escribes.

Después de escribir

1. Lee tu anécdota y haz lo siguiente para revisarla:

▶ Reemplaza las palabras y expresiones informales con expresiones más formales.

▶ Verifica que el cuerpo esté dividido en cuantos párrafos sean necesarios.

▶ Asegúrate (*Ensure*) de que todas las oraciones sean oraciones completas y no fragmentos.

2. Intercambia tu borrador con un(a) compañero/a de clase. Coméntalo y contesta estas preguntas.

▶ ¿Incluyó tu compañero/a las tres partes de la anécdota?

▶ ¿Usó él/ella algunas de las palabras y expresiones indicadas anteriormente?

▶ ¿Usó él/ella correctamente el pretérito y el imperfecto para contar su historia?

▶ ¿Qué detalles añadirías (*would you add*)? ¿Cuáles quitarías (*would you delete*)? ¿Qué otros comentarios tienes para tu compañero/a?

3. Revisa tu anécdota según los comentarios de tu compañero/a. Después de escribir la versión final, léela otra vez.

escritura

Estrategia
Identifying level of address

As you learned in **Nivel 2, Lección 4**, when you write it is important to have an audience in mind. It may be a friend, a family member, a teacher or other adult, or even someone you do not know, but you should always be thinking of your intended reader as you create your written piece.

Level of address is an expression that refers to how you talk to different audiences. For example, you use one level of address with friends and family members, another with elders or superiors, and another with people you do not know. When greeting a friend you might say, "What's up?" When greeting an older person, you might say, "Hi, how are you?" And when greeting someone you have just met you might say, "Hello, how are you today?" Each greeting demonstrates a different level of address, from informal to more formal to very formal.

In Spanish, level of address is conveyed in a number of ways. The most obvious one is the **tú** vs. **usted** distinction. We use **tú** to address friends and family members in a casual way, and **usted** to address elders, superiors, and people we do not know in a more formal way.

There are also a number of courtesy expressions that can be added to your message to raise the level of address to a more formal level.

quisiera (instead of **quiero**)	*I would like*
me gustaría (instead of **quiero**)	*I would like*
pudiera usted (instead of **puede**)	*could you*
por favor	*please*
con su permiso	*with your permission*
si no es una molestia	*if it's not any trouble*
Se lo agradecería mucho.	*I would greatly appreciate it.*

Tema
Un decálogo

Antes de escribir

1. Vas a hacer el papel de un(a) médico/a que les hace unas sugerencias generales a sus pacientes. Vas a escribir diez consejos sobre lo que deben y no deben hacer para llevar una vida sana.

2. Antes de escribir tu decálogo, prepara una lista con los diez consejos más importantes. Anota de una manera sencilla (*simple*) los diez tópicos que vas a elaborar.

3. Después de preparar la lista, vas a escribir el decálogo, el cual debe incluir esta información:

   ▶ un título
   ▶ diez consejos, cada uno incluyendo formas del subjuntivo o del imperativo

4. Puedes usar estas ideas para tus consejos:

   ▶ Qué alimentos se deben comer y cuáles se deben evitar
   ▶ Cuántas comidas se deben tomar al día
   ▶ Horas que se deben dormir
   ▶ Hábitos que se deben evitar
   ▶ El ejercicio que se debe hacer

5. Sigue este modelo.

1. Haga ejercicio tres veces a la semana como mínimo.
2. Es importante que no consuma muchas grasas.
3. Es esencial que...

Escribir

1. Escribe tus diez consejos para llevar una vida sana.

2. Verifica el uso correcto del subjuntivo y del imperativo.

Después de escribir

1. Una vez que hayas escrito tu borrador, vas a leerlo otra vez, verificando el nivel del lenguaje que usaste. Como este decálogo se dirige a tus pacientes, debe tener un nivel de lenguaje formal.

2. Mientras lees tu borrador, haz un círculo alrededor de todos los verbos. Después, estudia cada uno para ver si usaste una forma de **usted** en vez de **tú**. Si no, debes corregir los errores.

3. Mira otra vez la lista de expresiones de cortesía en la página 105. Trata de incluir algunas de ellas en tus consejos.

Por favor, coma
1. ₍ₐ₎ No *comas* pizza ni otras comidas con mucha grasa más de una o dos veces a la semana.
                                      trate
2. *Quiero pedirte* que *trates* de comer cinco porciones de frutas y vegetales todos los días.
   Quisiera pedirle

4. Después de revisar tu decálogo, haz los cambios necesarios y reescríbelo.

5. Luego, intercambia tu borrador con un(a) compañero/a de clase. Coméntalo y contesta estas preguntas.

   ▶ ¿Incluyó tu compañero/a diez consejos?

   ▶ ¿Usó él/ella formas de **usted** para dirigirse a los pacientes?

   ▶ ¿Usó él/ella algunas de las expresiones de cortesía de la lista?

   ▶ ¿Usó él/ella bien el subjuntivo y el imperativo?

   ▶ ¿Qué detalles añadirías (*would you add*)? ¿Cuáles quitarías (*would you delete*)? ¿Qué otros comentarios tienes para tu compañero/a?

6. Revisa tu decálogo según los comentarios de tu compañero/a. Después de escribir la versión final, léela otra vez para eliminar errores de:

   ▶ ortografía

   ▶ puntuación

   ▶ uso de letras mayúsculas y minúsculas

   ▶ concordancia entre sustantivos y adjetivos

   ▶ uso de verbos en el presente de indicativo

   ▶ uso de verbos en el subjuntivo

   ▶ uso del imperativo

escritura

Estrategia
Reading aloud before revising

Throughout the DESCUBRE program, you have been following a three-step writing process: organizing your thoughts before writing, writing, and then revising your work after writing. The revision stage has focused on a technique known as peer editing, where you and a classmate exchange your rough drafts and comment on each other's work. Peer editing is a helpful revision tool because it gives you another person's point of view about your work.

Another way to evaluate your work in a different light is to read it aloud or listen to it being read aloud. When revising, you are already accustomed to seeing your words on the page. But when you read aloud, or someone else reads aloud to you, you experience your work in a different way.

Although it is helpful to read your work aloud as part of the revision process, it is more useful to do it as part of a peer-editing process. That way, as you listen, you can notice places where your partner stumbles over your words. Is it because they are awkward? Are they the wrong words? Are they grammatically incorrect? Misspelled? There can be a number of reasons why, but when your partner has difficulty reading your work, that usually indicates a problem you need to fix.

A good method to follow when reading aloud before revising is to take two copies of your work. Your partner reads your work aloud, while you follow along silently reading the other copy. Every time you hear something that sounds awkward or incorrect, mark an X in the margin to remind yourself to come back and look at that section more closely.

Tema
Consejos de viaje

Antes de escribir

1. Vas a hacer el papel de un agente de viajes. Tienes que organizar un tour para unos/as amigos/as tuyos/as que van a visitar una ciudad o un país que tú conoces bastante bien. Vas a hacer una lista de los lugares y de las cosas que recomiendas que hagan. Debes tener en cuenta la personalidad de tus amigos/as y elegir bien qué sitios crees que les van a gustar más.

2. Vas a escribir una descripción del tour en dos partes:

   ▶ En el contenido les ofreces consejos a tus amigos/as sobre el clima del lugar, la ropa que deben llevar, el hotel donde pueden alojarse y los espectáculos culturales a los que pueden asistir. Debes usar el subjuntivo en todas tus recomendaciones, junto con expresiones como éstas: **Es importante que...**, **Les recomiendo que...**, **Busquen un hotel que...**, **Es probable que...**, **Es mejor que...**, **Visiten lugares donde...**, etc.

   ▶ En la conclusión debes desearles a tus amigos/as un buen viaje.

3. Antes de escribir, completa este recuadro con ideas para tus consejos de viaje. Pon las sugerencias afirmativas en la columna **Sí** y las sugerencias negativas en la columna **No**.

LUGAR:		
	Sí	**No**
clima, ropa y equipaje	ropa ligera,...	paraguas,...
hotel		
espectáculos culturales		
lugares cercanos (*nearby*)		
naturaleza		

Modelo   Como hace mucho calor durante esta temporada, les recomiendo que lleven ropa ligera. Como es un calor seco, no es necesario que traigan un paraguas.

Escribir

1. Usa las ideas del recuadro y escribe tus sugerencias.

2. Verifica el uso correcto del subjuntivo e incluye por lo menos una forma del subjuntivo en cada sugerencia que escribes.

Después de escribir

1. Intercambia tu borrador con un(a) compañero/a de clase. Presta atención mientras él/ella lo lee en voz alta. Marca tu copia del borrador según la información de la página 107:

   X   para indicar un error u otro problema

   ?   para indicar algo que tu compañero/a no leyó bien o no entendió bien

   !   para indicar algo que salió bien

2. Ahora cambien. Tú lees en voz alta mientras tu compañero/a marca su papel.

3. Revisa tu borrador y reescríbelo.

4. Ahora, intercambia tu borrador con otro/a compañero/a de clase. Coméntalo y contesta estas preguntas.

   ▶ ¿Incluyó tu compañero/a las dos partes de la descripción?

   ▶ ¿Escribió él/ella toda la información necesaria para cada parte?

   ▶ Al escribir sus sugerencias, ¿usó tu compañero/a formas del subjuntivo con algunas de las expresiones indicadas anteriormente?

   ▶ ¿Qué detalles añadirías (*would you add*)? ¿Cuáles quitarías (*would you delete*)? ¿Qué otros comentarios tienes para tu compañero/a?

5. Revisa tu descripción según los comentarios de tu compañero/a. Después de escribir la versión final, léela otra vez para eliminar errores de:

   ▶ ortografía

   ▶ puntuación

   ▶ uso de letras mayúsculas y minúsculas

   ▶ concordancia entre sustantivos y adjetivos

   ▶ uso de verbos en el presente de indicativo

   ▶ uso de verbos en el subjuntivo

escritura

Estrategia
Using visuals to enhance your writing

Most of the writing you have done until now has involved words only—no photos, drawings, maps, or other visuals. When a piece of writing, like the poster you are about to create, has a strong visual format, it is important to plan how the visuals can strengthen the meaning of the words that accompany them. Here are some visuals you can use in your poster to support and enhance the meaning of the words you write:

▶ When you create a poster, the title of your piece usually appears in very large type. This telegraphs very quickly the subject of your poster. Make sure that the title is short enough to appear in large letters without taking up too much space.

▶ Often you will have smaller subheads or subtitles. These should be placed in a position where it is obvious what text or visuals they relate to.

▶ Breaking ideas out into bulleted or numbered lists helps present information more visually and shows at a glance how many pieces of information you are presenting.

▶ Photos and drawings are a great way to illustrate complex information or show something that it would take many words to describe.

▶ Maps are another good way to convey complex information quickly. Make sure they are large enough so that all the type is visible.

▶ Charts, tables and graphs are a concise way to present complex information in a format that is easier for the viewer to understand and access. Many times you can replace lengthy blocks of text with one simple chart or graph.

Tema
Un afiche informativo

Antes de escribir

1. Vas a trabajar en un grupo de cuatro estudiantes para crear un afiche informativo sobre un área declarada como protegida por la UNESCO.

2. En su grupo, escojan una de estas dos áreas naturales de Cuba para crear su afiche: Valle de Viñales; Parque Nacional Alejandro de Humboldt.

3. Van a hacer una investigación sobre este sitio. Divídanse en parejas para hacer la investigación y contestar estas preguntas.

   ▶ Pareja 1: ¿Dónde está el sitio? (Márcalo en un mapa del país.) ¿Cómo se caracteriza? ¿Qué flora y fauna se encuentran allí? ¿Qué formas geológicas? Trata de buscar fotos del sitio o de la flora y fauna de la región.

   ▶ Pareja 2: ¿Por qué fue declarado patrimonio mundial? ¿En qué año? ¿Tiene sólo valor natural o es importante también por su cultura e historia? ¿Por qué? Si encuentran algún recuadro o dibujo con datos sobre el sitio, guárdenlo para su afiche.

4. Una vez que hayan hecho su investigación, júntense para evaluar los datos y gráficos que encontraron. Antes de escribir, deben determinar el diseño del afiche. Una buena manera de hacer esto es crear un diagrama del diseño como el que ves a continuación. Hagan su propio diagrama e incluyan por lo menos cinco de estos elementos: un título, subtítulos, un recuadro, un mapa, fotos, dibujos, secciones de texto y leyendas (*captions*) para algunos de los elementos visuales.

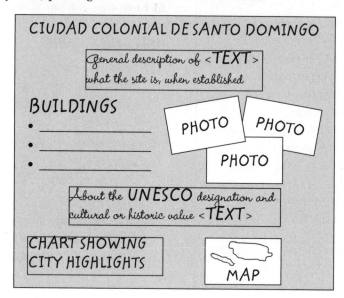

5. Antes de escribir, revisen el diagrama para calcular cuántas palabras deben escribir para cada sección.

Escribir

Trabajen juntos para escribir el texto, los títulos y los subtítlos del afiche.

Después de escribir

1. Juntos, revisen el texto y los títulos que escribieron. Pregúntense:

   ▶ ¿Usamos cinco de los elementos visuales indicados en la sección anterior?

   ▶ ¿Organizamos la información y los elementos visuales de una manera coherente?

   ▶ ¿Contestamos las preguntas del paso número tres?

   ▶ ¿Usamos bien las formas del pretérito y del imperfecto para describir el sitio y las acciones de la UNESCO?

2. Corrijan los errores que encuentren y revisen la información una vez más para eliminar errores de:

   ▶ ortografía

   ▶ puntuación

   ▶ uso de letras mayúsculas y minúsculas

   ▶ uso de verbos en el presente de indicativo

   ▶ uso de verbos en el pretérito

   ▶ uso de verbos en el imperfecto

   ▶ uso de preposiciones

3. Una vez que hayan corregido el texto y los títulos una vez más, preparen el afiche, combinando los elementos visuales con el texto y los títulos.

4. Mientras preparan el afiche, estudien el diagrama que hicieron y traten de crear un afiche que sea informativo y atractivo a la vez.

Parhe

escritura

Estrategia
Establishing a point of view

You have already learned how to identify the audience for a piece of writing—the audience is the intended reader of your written piece. But in many kinds of writing, it is also important to establish a clear point of view for your composition.

Point of view reflects the perspective of the person who is viewing the action and participating in it. Most of the writing you have done is from the first-person point of view. Whenever you write about what you think, feel, say, or do, you are using a first-person point of view. In **Nivel 1, Lección 6,** you used a third-person point of view when you wrote a summary of an interview with another person and included reported dialogue. A third-person point of view narrates what someone else is thinking, feeling, saying, or doing. It is often used in fiction writing and journalistic reporting.

Note that if there is more than one person in a written piece, you have a number of options for point of view. Compare these examples:

▶ **First-person point of view (Marta)**
Cuando entré en la sala, vi inmediatamente que la abuela estaba un poco agitada. Me hizo un gesto con ojos nerviosos y me pidió un vaso de agua.

▶ **First-person point of view (la abuela)**
Cuando Marta entró en la sala, me miró cuidadosamente. Yo le hice un gesto con los ojos para indicar lo nerviosa que estaba y le pedí un vaso de agua.

▶ **Third-person point of view**
Cuando Marta entró en la sala, vio inmediatamente que la abuela estaba un poco agitada. La abuela le hizo un gesto con ojos nerviosos y le pidió un vaso de agua.

Tema
El blog del robot

Antes de escribir

1. Vas a escribir una entrada en el blog de un robot. Puedes escoger entre estas dos opciones:

   ▶ Eres un robot participando en la RoboCup de fútbol. (Consulta el artículo sobre este tema en la página 279 de tu libro de texto.)

   ▶ Eres el robot que diseñó tu grupo en la actividad **¡A conversar!** de la página 279 de tu libro de texto.

2. Una vez que hayas escogido qué tipo de robot quieres ser, completa el siguiente recuadro con algunas ideas para tu blog. Recuerda que vas a usar el punto de vista de la primera persona para escribir esta entrada en tu blog. Además, como tienes que usar formas del pretérito perfecto y del pluscuamperfecto, los comentarios deben referirse al pasado.

Ideas:	Perspectiva del robot:
Opción 1: jugador de fútbol ► Escuchar los planes del entrenador ► ¿ ... ? ► ¿ ... ? ► ¿ ... ?	► ¿Por qué tengo que escuchar a este ser humano? Mis diseñadores me han creado para jugar al fútbol y ¡soy la máquina deportiva perfecta! Recuerdo la primera vez que vi un juego de fútbol—ya había leído varios libros sobre el deporte...
Opción 2: asistente doméstico ► Empezar su primer día de trabajo doméstico ► ¿ ... ? ► ¿ ... ? ► ¿ ... ?	► Hoy es el primer día que me toca acompañar a los niños a la escuela. Mi memoria y mis circuitos no han podido descansar de tantos nervios. Nunca había estado tan nervioso. Al último momento mi diseñador ha decidido que...

Escribir

1. Escribe la entrada en tu blog. Usa las ideas que escribiste en el recuadro como parte de tu composición.

2. Verifica el uso correcto del pretérito perfecto y del pluscuamperfecto.

Después de escribir

1. Intercambia tu borrador con un(a) compañero/a de clase. Coméntalo y contesta estas preguntas.

   ► ¿Usó tu compañero/a el punto de vista de la primera persona para escribir su entrada de blog?

   ► ¿Describió él/ella un evento en la "vida" de un robot que juega al fútbol o en la de uno que ayuda con el trabajo doméstico?

   ► ¿Usó él/ella correctamente el pretérito perfecto y el pluscuamperfecto para contar su historia?

   ► ¿Qué detalles añadirías (*would you add*)? ¿Cuáles quitarías (*would you delete*)? ¿Qué otros comentarios tienes para tu compañero/a?

2. Revisa tu entrada de blog según los comentarios de tu compañero/a. Después de escribir la versión final, léela otra vez para eliminar errores de:

   ► ortografía

   ► puntuación

   ► uso de letras mayúsculas y minúsculas

   ► concordancia entre sustantivos y adjetivos

   ► uso de verbos en el pretérito perfecto

   ► uso de verbos en el pluscuamperfecto

escritura

Estrategia
Creating a strong topic sentence

When you write longer pieces with multiple paragraphs, it is important to pay attention to their structure. A strong paragraph includes a clear topic sentence, followed by details and examples that support it. Good topic sentences are especially important in business communications, where you want to make sure your message comes through loud and clear.

A good way to analyze the sentences in a paragraph is to use a diagram. For example, suppose you were writing a description of a new program at your school and then giving your opinion as to whether or not the school administration should continue it. You might write three paragraphs, the first of which could describe the program in general. Here is how you could use an informational diagram to illustrate that first paragraph:

TOPIC SENTENCE: The new language-immersion program gives students an in-depth opportunity to spend the summer studying and practicing Spanish.

The program accommodates up to 12 students.

Students live in a residence supervised by two instructors.

Students attend four hours of language classes each day.

Students speak only Spanish in the residence.

There are no classes on the weekends.

As you can see, the topic sentence contains all the major information about the program. Even if someone read only that sentence, he or she would have a good idea about the program's objectives. A good topic sentence will always follow that model, leaving the remaining supporting details and examples for the rest of the paragraph.

Tema
Una carta de tres párrafos

Antes de escribir

1. Vas a escribir una carta de tres párrafos para solicitar un puesto como pasante (*intern*) de verano. Puedes escribir a una de las empresas de la actividad ¡A conversar! de la página 321 de tu libro de texto.

2. Los párrafos de tu carta deben organizarse así:

   ▶ Primer párrafo: Explica por qué estás escribiendo.

   ▶ Segundo párrafo: Da detalles sobre tus estudios y experiencia laboral.

   ▶ Tercer párrafo: Explica por qué crees que eres el/la mejor candidato/a para el puesto.

3. Para cada párrafo, organiza tus ideas en un diagrama como el siguiente. Puedes añadir o quitar círculos y triángulos según el contenido de cada párrafo. Usa un papel en blanco para los demás diagramas.

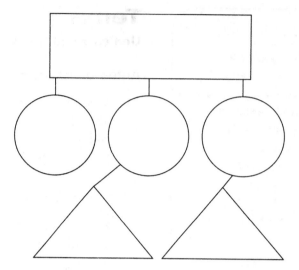

4. Usa estas expresiones para el saludo y la despedida de tu carta: **Estimado/a Sr./Sra./Srta.** _____ **(nombre de la persona que lee la carta); Le saluda muy atentamente,** _____ **(tu nombre).**

5. Usa cláusulas con **si** en tu carta para explicar lo que harías si te dieran la pasantía (*internship*).

Escribir

1. Usa los diagramas que hiciste para escribir la oración tema (*topic sentence*) de cada párrafo. Luego, añade los detalles y la información secundaria para completar cada uno.

2. Mientras escribes, verifica el uso correcto de las cláusulas con **si**.

Después de escribir

1. Intercambia tu borrador con un(a) compañero/a de clase. Coméntalo y contesta estas preguntas.

   ▶ ¿Escribió tu compañero/a una carta de tres párrafos?

   ▶ ¿Escribió él/ella una buena oración tema para cada uno?

   ▶ ¿Usó él/ella el saludo y la despedida mencionados anteriormente para empezar y terminar la carta?

   ▶ ¿Usó él/ella correctamente las cláusulas con **si**?

   ▶ ¿Qué detalles añadirías (*would you add*)? ¿Cuáles quitarías (*would you delete*)? ¿Qué otros comentarios tienes para tu compañero/a?

2. Revisa tu carta según los comentarios de tu compañero/a. Después de escribir la versión final, léela otra vez para eliminar errores de:

   ▶ ortografía

   ▶ puntuación

   ▶ uso de letras mayúsculas y minúsculas

   ▶ concordancia entre sustantivos y adjetivos

   ▶ uso de verbos en el imperfecto del subjuntivo

   ▶ uso de verbos en el condicional

   ▶ uso de las cláusulas con **si**

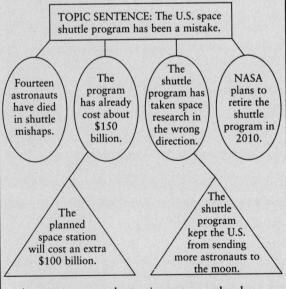

escritura

Lección 9

Estrategia

Supporting your opinion with concrete examples

In the previous lesson, you learned how to write a strong topic sentence, which is especially useful when writing business communications. In this lesson, you will learn how to support that topic sentence with concrete examples and details. This is an especially helpful technique when you are stating an opinion and trying to persuade someone to accept your point of view.

In persuasive writing, your topic sentence will be a clear statement of your opinion about a topic. But a simple expression of your opinion is not very convincing to your reader. You must support that opinion with facts and examples in order to persuade your reader to share your point of view.

Look at the following informational diagram. It was created to outline a paragraph in an opinion piece about the U.S. space shuttle program.

TOPIC SENTENCE: The U.S. space shuttle program has been a mistake.

- Fourteen astronauts have died in shuttle mishaps.
- The program has already cost about $150 billion.
- The shuttle program has taken space research in the wrong direction.
- NASA plans to retire the shuttle program in 2010.

- The planned space station will cost an extra $100 billion.
- The shuttle program kept the U.S. from sending more astronauts to the moon.

As you can see, the topic sentence clearly states the writer's opinion, while the supporting facts and details support that opinion in a number of different ways.

Tema

Una carta

Antes de escribir

1. Imagina que vives en Paraguay y tu telenovela favorita sólo se transmite en español. Vas a escribir una carta al periódico paraguayo *La Nación* pidiendo que se haga una versión doblada al guaraní o que se incluyan subtítulos en guaraní. En tu carta, explica por qué crees que es importante que haya una versión en guaraní. Debes incluir también tu opinión acerca de estas preguntas: ¿Quiénes se beneficiarían? ¿Por qué? ¿Quién debería cubrir el costo de la versión en guaraní: los productores de la telenovela o el gobierno? ¿Debería ser obligatorio ofrecer versiones de programas en los dos idiomas?

2. En la página 359 de tu libro de texto, lee los dos textos sobre el valor de las telenovelas. En cada texto, ¿puedes identificar la oración tema (*topic sentence*) y los detalles y ejemplos que la apoyan (*support*)?

3. Vas a escribir una carta que consista en cuatro párrafos:

   ▶ Primer párrafo: Da tu opinión (¿debe la telenovela transmitirse doblada al guaraní o con subtítulos en guaraní?) y apóyala con detalles y ejemplos.

   ▶ Segundo párrafo: Da tu opinión sobre quiénes se beneficiarían de esta idea y apóyala con tus razones.

   ▶ Tercer párrafo: Da tu opinión sobre quién debería cubrir el costo de la versión en guaraní y apóyala con detalles y ejemplos.

   ▶ Cuarto párrafo: Explica si crees que debe ser obligatorio ofrecer versiones de programas en los dos idiomas y apoya tu opinión con detalles y ejemplos.

4. Para cada párrafo, organiza tus ideas en un diagrama como el siguiente. Puedes añadir o quitar círculos y triángulos según el contenido de cada párrafo. Usa un papel en blanco para los demás diagramas.

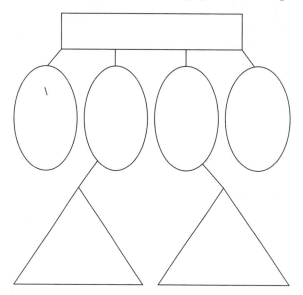

Escribir

1. Escribe una carta de cuatro párrafos, cada uno con una oración tema y detalles y ejemplos que la apoyen.

2. Verifica el uso correcto del condicional y de los pronombres relativos.

Después de escribir

1. Intercambia tu borrador con un(a) compañero/a de clase. Coméntalo y contesta estas preguntas.

   ▶ ¿Escribió tu compañero/a una carta de cuatro párrafos?

   ▶ ¿Escribió él/ella una buena oración tema para cada uno y la apoyó con detalles y ejemplos relevantes?

   ▶ ¿Usó él/ella correctamente el condicional y los pronombres relativos?

   ▶ ¿Qué detalles añadirías (*would you add*)? ¿Cuáles quitarías (*would you delete*)? ¿Qué otros comentarios tienes para tu compañero/a?

2. Revisa tu carta según los comentarios de tu compañero/a. Después de escribir la versión final, léela otra vez.

escritura

Estrategia

Using a thesaurus to enliven a description

When you describe something, you want to create a vivid picture that appeals to the reader's senses and captures his or her imagination. Compare these sentences:

La tarta de frutas es **rica** y **bonita**.

La tarta de frutas es **un regalo para la boca** y **una fiesta para los ojos**.

When you want to make your word choice more specific, using a thesaurus is a good way to begin. However, as with a Spanish-English dictionary, it is important to understand how to use a Spanish-language thesaurus (**diccionario de sinónimos**).

> **rico** Adinerado, capitalista, acomodado. *<-- Pobre, mísero.* || Gustoso, sabroso, delicioso, apetitoso, agradable. *<-- Desagradable, asqueroso.*

At first glance, this entry may be hard to understand, especially since some of the words are not known to you. Notice that the entry is divided into two major parts as indicated by the vertical lines ||. To figure out which group of words you want, look for key words in each group that you already know or can guess. For example, in the first group, the word **capitalista** tells you that these are synonyms for *rich* in the sense of money (*wealthy* in English). In the second group, the words **delicioso** and **apetitoso** tell you that these are synonyms for *rich* in the sense of food (*tasty* in English).

Finally, before you decide to use a new word that you found in a thesaurus, look it up in a Spanish-English dictionary to make sure that you understand all of its connotations and nuances.

Tema
Una columna con críticas de restaurantes

Antes de escribir

1. Vas a escribir una columna para una revista de arte sobre un restaurante local. Tienes que inventar un restaurante y un plato especial que vas a describir. (O, si prefieres, puedes escoger tu restaurante y plato favoritos.) Como la columna aparece en una revista de arte, vas a escribir una crítica que describe el plato como si fuera una obra de arte. Por ejemplo: "Hoy quiero describirles una obra maestra: una tarta de frutas al estilo Fernando Botero. Es una maravilla de sencillez (*simplicity*) y complejidad a la vez, distinguida por el uso de colores brillantes como los representados en su arte."

2. Escoge el restaurante y el plato. ¿Con qué tipo de arte lo vas a comparar? ¿Por qué? Completa el siguiente recuadro con palabras relacionadas al plato y al estilo de arte. Después, busca sinónimos para seis de estas palabras en un diccionario de sinónimos.

Restaurante:		
Plato:		
Estilo de arte:		
	Plato	**Estilo de arte**
Palabras que ya conozco	*rico,...*	*moderno,...*
Palabras del diccionario de sinónimos	*apetitoso,...*	*contemporáneo,...*

Escribir

1. Escribe tu crítica del restaurante y del plato.

2. Usa las palabras del recuadro mientras escribes tu descripción.

Después de escribir

1. Intercambia tu borrador con un(a) compañero/a de clase. Coméntalo y contesta estas preguntas.

   ▶ ¿Hizo tu compañero/a una descripción detallada de un plato de un restaurante local o imaginario?

   ▶ ¿Comparó él/ella el plato con un estilo de arte?

   ▶ ¿Usó él/ella por lo menos seis palabras nuevas que encontró en un diccionario de sinónimos?

   ▶ ¿Qué detalles añadirías (*would you add*)? ¿Cuáles quitarías (*would you delete*)? ¿Qué otros comentarios tienes para tu compañero/a?

2. Revisa tu crítica según los comentarios de tu compañero/a. Después de escribir la versión final, léela otra vez para eliminar errores de:

   ▶ ortografía

   ▶ puntuación

   ▶ uso de letras mayúsculas y minúsculas

   ▶ concordancia entre sustantivos y adjetivos

   ▶ uso de verbos en el presente de indicativo

   ▶ uso de comparativos y superlativos

   ▶ uso de **ser** y **estar**